A scuola di miracoli

Pozzi dei desideri
e
lampade di Aladino

Massimo Grandi

www.chakra.ch

Il campo dei miracoli

Immagina di tenere tra le dita una monetina. Una monetina che da sola non ha molto valore d'acquisto; probabilmente il metallo con cui è composta potrebbe addirittura superare il suo "valore" effettivo commerciale, ma in questo momento diventa qualcosa di molto, ma molto più importante: è la monetina che getterai nel pozzo dei desideri!

O magari puoi anche immaginare di tenere tra le dita un semplice straccetto per la polvere, quello con il quale hai appena pulito qualche oggetto in casa, lo stesso straccio che, sfregando sulla giusta vecchia lampada, potrebbe anche far apparire il genio in essa contenuta ed aiutarti a cambiare finalmente la tua vita una volta per tutte.

Già! Ti chiederai ora dove si trovino questa famosa "lampada di Aladino" o il magico "pozzo dei desideri"; ma molto più probabilmente, invece, stai già sorridendo pensando che siano cose esistenti solo nella fantasia.

Ebbene, qualsiasi cosa tu stia pensando hai perfettamente ragione! Sta infatti esclusivamente in noi, nel nostro modo di vivere e vedere le cose, far sì che quel pozzo e quella lampada siano o meno delle pratiche fonti dalle quali far scaturire ciò che il nostro desiderio brama.

Molto probabilmente non esiste religione al mondo che non predica e accetta, anche seppure minimamente, il fatto del raggiungimento dei nostri scopi mediante l'uso di preghiere, di mantra o altre pratiche rituali. Se invece di una religione si tratta di una filosofia di vita, questa pratica non verrà definita come preghiera, ma bensì come uso della propria volontà, il che - in fondo - non è affatto molto dissimile.

"Chiedi e ti sarà dato" è un'asserzione tipica, per esempio, della religione più diffusa al mondo: il cristianesimo. Questa richiesta, così come ci viene insegnato, è da rivolgere a chi sta "sopra di noi", cioè ai Santi, a Gesù o a Dio Stesso.

È facile incontrare persone molto religiose che raccontano di come le loro preghiere siano state esaudite, di come la loro fede li abbia aiutati ad ottenere qualche grazia – materiale o meno – in seguito ad averne espressamente inoltrata richiesta ad un essere "superiore".

Io stesso, in alcuni casi, mi sono ritrovato ad "inoltrare" richieste particolari a queste "forze" dell'universo, e ne ho avuto un riscontro.

Le mie preghiere sono state veramente esaudite? Si è semplicemente trattato invece di casualità?

Sicuramente fa più comodo pensare che si sia trattato dell'esaudirsi delle preghiere, in questo modo la fiducia – o fede che dir si voglia – che qualche essere misterioso sia sempre pronto ad aiutarci, ci aiuta ad andare avanti in questa vita, contando sull'aiuto di qualcuno al di sopra di chiunque altro, quindi con maggior coraggio e sicurezza.

Purtroppo anche queste forme di richiesta hanno i loro limiti; evidentemente infatti, molte delle preghiere espresse - anche da gruppi di persone – rimangono senza risposta alcuna. Mi riferisco, in questo caso particolare, alle preghiere che vengono rivolte come richiesta di aiuto, per esempio per sostenere una certa persona che soffre di una grave malattia, o per porre fine alla fame nel mondo e via dicendo.

4

Analizzando i vari aspetti della preghiera, ci si trova a volte confrontati con contraddizioni, fatti strani, poco chiari, così come con meccanismi complessi, che ognuno tenterà di spiegare a proprio modo.

Se, da una parte, il religioso non ha dubbi sull'esaudirsi delle nostre preghiere, dall'altra non esiterà ad eludere le richieste di spiegazioni su un eventuale esito negativo di queste, dicendo che si tratta del "volere di Dio", questo "volere" che è già di per sé misterioso ai nostri occhi e quindi non analizzabile. Punto!

Non ci viene dunque apparentemente lasciata libertà alcuna di approfondire il perché quella preghiera venga accolta con un "Sì", mentre quell'altra con un "No", e un'altra ancora con un "più tardi". Ci viene chiesto di accettarne incondizionatamente l'esito, asserendo non esista possibilità alcuna di influenzarlo.

Se stai leggendo questo libro, probabilmente anche tu, come me, non sei d'accordo di accettare ad occhi chiusi tutto questo. Anche tu vuoi capire esattamente cosa succede "dietro le quinte" delle nostre preghiere, dei nostri pensieri e dei nostri desideri.

Considerato che questo argomento non mi è nuovo, ho cercato di raccogliere le informazioni in mio possesso, in modo da esporre su queste pagine, più o meno sinteticamente, il mio contributo per una migliore comprensione delle leggi che entrano in azione con il nostro pensiero e con la pratica delle preghiere; leggi che, per alcuni, non sono ancora state scoperte, identificate o comprese.

Per poter comprendere a cosa mi riferisco quando parlo delle "leggi" che entrano in funzione quando il nostro cervello dà il via ad un pensiero, sia conscio che inconscio, è opportuno chiarire, seppur sommariamente, quale sia il "punto" dal quale ho iniziato ad analizzarne i meccanismi connessi; non si tratta, infatti, di semplici invenzioni, ma bensì del frutto di letture e di studi amatoriali, effettuati nel corso della mia (breve) esistenza.

La chiave di tutte queste leggi, la base cioè dell'universo, è sempre la stessa per qualsiasi branca di studio. Che si parta da un Big Bang, da una Genesi biblica o da altri testi considerati sacri, possiamo seguire, in parallelo, l'evoluzione del nostro "mondo" che si snoda esclusivamente a partire dallo stesso elemento: il nulla, l'Energia base, o Dio che dir si voglia.

Tutto è Energia

Per nostra fortuna, non è necessario dover studiare per anni e anni chimica, fisica quantistica o teologia, per attingere ad informazioni che riguardano il complesso funzionamento dell'universo - sia quello a noi noto, che anche quello ignoto - ci hanno già pensato altri prima di noi e, grazie al cielo, hanno fatto in modo di lasciarci informazioni che lo dimostrano, in una maniera molto più semplice di quanto non si possa credere.

A volte, queste informazioni sono sotto forma di testi espliciti, che potrebbero, però, risultare incomprensibili e pesanti alla lettura, altre volte invece in modo leggermente celato, come nelle parabole, nelle favole e nei racconti.

Spero che nessuno ne abbia a male se, nel corso delle mie spiegazioni, faccio spesso riferimento a figure relative a religioni differenti, o utilizzo frasi e cito personaggi che sono entrati a far parte della nostra storia e del nostro bagaglio culturale, indipendentemente dal fatto che tali testi asseriscano la verità assoluta o questi personaggi rappresentino il "non plus ultra" in materia di grandezza ed ineffabilità.

Di sicuro non potremo mai asserire con assoluta certezza, per esempio, che i testi sacri tramandatici nel corso dei secoli siano l'esclusiva e unica parola di un Dio che assume aspetti e nomi differenti in base alle latitudini nelle quali viene venerato.

Nello stesso modo, non potremo mai dare per certo che personaggi del calibro di Mosè, del Buddha o del Cristo, veramente siano stati come ci viene raccontato.

Effettivamente non sappiamo neppure cosa stia esattamente succedendo in merito a personaggi a noi contemporanei, figuriamoci con personaggi esistiti centinaia o migliaia di anni fa, i quali hanno, probabilmente, contribuito alla nascita di ideologie e stili di vita ben diversi da quelli in uso ai loro tempi.

Certo è, che da questi testi ed insegnamenti che ci sono stati tramandati - per conto e nel nome di questi personaggi - possiamo trarre moltissimi semi che - nella mente logica - ci aiutano a crescere e a capire molte cose relative la nostra esistenza stessa.

Credo sia utile sottolineare che ciò che è o si ritiene essere il nostro "mondo" non ha nulla a che vedere con il "Regno" cui, secondo le scritture, il personaggio "Gesù Cristo" ne è posto a capo.

Anche se "il nulla" ci è inconcepibile, sia la scienza che la teologia sono d'accordo che tutto abbia avuto inizio da lì; è infatti nel "nulla" che Dio – cioè l'Energia – ha avuto il suo primo "Pensiero", un "Riflesso" di sé stesso.

Questo caso eccezionale è stato come una "esplosione" che ha portato all'espansione della materia cosmica, stimolata a vari livelli di vibrazioni, dando l'avvio ad un mondo "materiale", ai "colori", ai "suoni" e a tutto quanto di tangibile possiamo riscontrare nella nostra esistenza.

In effetti qualsiasi cosa è misurabile con specifiche frequenze di vibrazioni assunte dall'Energia base. Sono proprio queste diverse frequenze che, in una forma di conflitto con il "nucleo" del "nulla", causano la momentanea espansione dell'universo, espansione che sembra stia rallentando e che - si suppone – in un futuro invertirà il proprio movimento riportando il tutto al punto di partenza, cioè al nulla.

Nella filosofia orientale, mi riferisco in particolare all'induismo, questa situazione è chiaramente compresa da chiunque; si parla in effetti dell'Energia (Dio) come una "Vibrazione Cosmica" chiamata "OM", e l'espansione dell'universo è semplicemente descritta come il "respiro di Brama", attualmente in espansione nella fase di espirazione e, prossimamente, in contrazione nella fase di inspirazione.

Sempre la filosofia orientale ci rende attenti che l'universo tangibile, che noi osserviamo, è irreale in quanto è solo un'illusione – Maya, come chiamano loro l'illusione – e in effetti anche il cristianesimo conferma questa asserzione, basti pensare a Gesù quando dice: "Il mio regno non è di questo mondo".

Una volta afferrato che ciò che appare davanti ai nostri occhi ogni giorno non è nient'altro che un "nulla" di pura energia che, vibrando a diverse frequenze, in un certo senso ci mostra qualcosa di inesistente, sorge spontanea una domanda:

"Ma allora io chi o cosa sono? Chi o cosa sta osservando queste cose che credo di vedere?"

Probabilmente ora qualcuno mi potrebbe tacciare di blasfemia, ma la risposta è molto semplice e, d'altronde, l'unica plausibile: Io sono Dio!

Io sono cioè quell'Energia primordiale che nel corso di una sua riflessione ha "creato" questa illusione. Devo accettare di essere fatto "ad immagine e somiglianza di Dio", perché decisamente io sono Dio, e sfido chiunque a provare il contrario (chiedo scusa per il sarcasmo).

Piano! Non corriamo subito a giudizi affrettati. Anche se, come spiegherò meglio più avanti, ognuno di noi è la stessa "persona", il nostro modo di vedere ed interpretare le cose può apparire diverso.

È facile fraintendere cosa stia cercando di spiegare, quindi premetto che anche questo testo, come altri insegnamenti ben più datati, è da prendere con "le pinze" e da elaborare in base alle conoscenze e alle credenze del lettore[1].

È molto importante quindi a questo punto rendersi conto che "essere Dio" non significa abbandonarsi ad azioni insensate, come viene per esempio mostrato nel film "Una settimana da Dio" con Jim Carry, bensì significa assumersi la responsabilità per tutto quanto ci circonda, capire che il "bene" o il "male" che facciamo a qualcun altro, o a qualcos'altro, lo facciamo sempre a noi stessi; è l'essenza di quella asserzione della Bibbia dove Dio dice: "Qualsiasi cosa avrai fatto ad ognuno di loro, l'avrai fatta a me", e questo non è l'unico punto dove ci viene insegnato che sia noi che gli altri siamo lo stesso Dio.

Rianalizziamo il tutto:

Che si stia parlando di persone, di animali e piante, di cose o dello spazio che sembra vuoto, implicitamente si sta parlando di Dio e del suo riflesso; si sta parlando di noi stessi, si parla della **Pura Energia** che permea qualsiasi cosa e, nel contempo, ne è pure la causa.

Le "leggi" di cui accennavo nel capitolo precedente, sono semplicemente ciò che regola e gestisce l'appropriato moto logico di quest'energia all'interno del nostro campo visivo e percettivo.

Si tratta semplicemente di quell'ordine che dà armonia al tutto, affinché alcune frequenze sottili siano in grado di compenetrarne altre più grossolane; il tutto in modo da poter

---

[1] Va pure detto che ad ogni lettura dello stesso testo la nostra mente reagisce in modi diversi. Ciò che oggi può apparirci sciocco ed insulso, già domani può sembrarci una cosa meravigliosa (ma anche l'opposto)

permettere ad un certo oggetto di assumere un determinato colore o profumo; l'ordine che permette l'esecuzione di un movimento o di un suono in uno spazio temporale, e che esprime una "qualità di Dio" in questo particolare punto dell'estensione dell'universo.

Per quanto riguarda la questione spazio/tempo, rimando chi fosse interessato alle precisazioni a fine libro, in quanto al momento non pertinente.

Anche se in certe situazioni potrebbe sembrarci impossibile, questa energia e le leggi che la governano sono in continuo movimento.

Se noi osserviamo una pietra, per esempio, ci è difficile renderci conto che questa non è semplicemente un ammasso di materia immobile, ma che si tratta di un agglomerato di energia addensata che sta comunque movendosi ad una velocità a noi impercettibile.

Già Edison, nel 1890 scrisse:

> "Non credo che la materia sia inerte, né che ubbidisca ad una forma esterna. A me sembra che ogni atomo possegga una certa quantità di intelligenza primigenia. Basta osservare le migliaia di modi in cui gli atomi di idrogeno si combinano con quelli degli altri elementi, formando le diverse sostanze".

Laddove c'è intelligenza c'è vita. Effettivamente è come se ogni atomo fosse cosciente del suo progresso legato all'espansione dell'universo. Esiste dunque un mondo di informazioni racchiuso in lui, che conduce all'evoluzione delle forme nella loro struttura prevista; il segreto quindi dell'esistenza è rinchiuso in una memoria legata alla frequenza propria di una specifica materia.

L'Energia dell'essere umano

Abbiamo visto che in realtà tutto l'universo è un enorme aggregato della stessa Energia che agisce su diversi stadi di vibrazione, che interagisce con se stessa ed in certi casi si compenetra.

Dalla Energia base si arriva a quella universale, dall'universale attraverso quella individuale, che spazia dal regno super umano al regno umano, ed in seguito ai tre regni inferiori, l'animale, il vegetale ed il minerale.

Ognuno di questi stadi agisce in modo proprio ma comunque connesso a tutti gli altri, per questo ogni azione di "disturbo" su uno qualsiasi di questi livelli di frequenza agisce di riflesso su tutti gli altri aspetti.

Il solo corpo umano implica moltissimi livelli di energia, partendo dalla più grossolana - che costituisce "la carne" - a quelle più sottili della mente, all'anima e anche della nostra divinità.

Se noi, ora, siamo in grado di riconoscere ed identificare la nostra energia mentale e la qualità dell'energia di ciò che ci circonda, ecco che ci risulta facile intuire che esiste anche una possibilità di interazione tra il nostro volere, cioè il pensiero, e la materia, in qualsiasi stato quest'ultima si presenti.

Tutto ciò significa, però, anche accettare la realtà che ogni azione implica una conseguenza, ma soprattutto che un'azione distruttiva nei confronti di un determinato tipo di materia può causare danni ben al di sopra di quanto possano essere i benefici che ne abbiamo tratto.

Propriamente, nel caso dell'energia tipica dell'essere umano, occorre prestare particolare attenzione a questa forza in quanto è presente in strati molto più complessi di quanto non possa essere presente in altre materializzazioni dei regni animale, vegetale o minerale.

Per definire in un modo un po' più dettagliato l'energia dell'essere umano, dobbiamo partire da ciò che riteniamo il nostro "inizio" in questo stadio dell'esistenza, ciò che definiamo la nostra venuta al mondo.

Solitamente tendiamo a definire come "traumatizzante" la nostra esperienza di nascita; probabilmente per il fatto che la nostra parte di energia basica, abituata ad un benessere ben più elevato spiritualmente, si trova "prigioniera" nella materia astrale e si lascia coinvolgere da diversi altri strati di energia più grossolana[2] che, apparentemente, la separano dal tutto.

Subentra, quindi, anche uno stato di oblio per quella scelta che ha fatto sì che "il nulla", sotto forma di pensiero, abbia deciso di cessare di vivere nell'ozio.

La nostra vita inizia, in pratica, già alla formazione dello spermatozoo, ma in quello stato siamo ancora privi di quella parte cosciente che inizierà ad assimilare esperienze, assorbendo informazioni dall'ovulo prima – il quale a sua volta le aveva assorbite già a partire dal concepimento della gestante – e dalla madre poi.

Anche se la nostra "scintilla energetica", cioè l'atomo energetico permanente, possiede già ogni e qualsiasi tipo di informazioni sull'universo, il nostro "corpo mentale", invece, si

---

[2] la materia astrale è composta da sette diversi gradi: solido, liquido, gassoso, eterico, supereterico, atomico e subatomico

presenta come un foglio bianco sul quale verrà scritta ogni esperienza della nostra vita.

Contrariamente a quanto si possa pensare, la nostra mente - intesa come energia pensante e magazzino della nostra memoria - non risiede semplicemente in quella zona che chiamiamo cervello, essa avvolge il nostro corpo in tutti i suoi stadi – quindi fisico, eterico, atomico, subatomico ecc. – e prosegue ben oltre la nostra forma fisica a fondersi con tutto ciò che ci circonda.

Il cervello, in fondo, è solo un organo che funge da intermediario tra il corpo mentale, le energie superiori ed il corpo fisico; una specie di centrale di smistamento di impulsi, ricordi eccetera.

Di sicuro non possiamo credere alla barzelletta di alcuni scienziati, che l'intelligenza che ci porta a ragionare, che ci dà l'idea di una memoria e la sensazione dello spazio/tempo, sia semplicemente frutto di un caso. D'altro canto è anche molto semplicistico attribuire il merito ad un Dio, senza peraltro essere tentati di scoprire qualcosa di più in merito.

Ecco che però in questa sede dobbiamo semplicemente accettare il fatto di poter disporre di un corpo mentale che funziona, nostro malgrado, secondo leggi ben precise.

Da neonati veniamo stimolati dapprima ad imparare ad usare il nostro veicolo (il corpo materiale), ad articolare i suoni per poterci esprimere, e ad utilizzare la parte logica del nostro cervello.

Ogni situazione e ogni nostra azione vengono, per così dire, registrate nel nostro corpo mentale e rimangono disponibili principalmente al nostro inconscio - quella parte dell'energia che agisce in modo automatico senza un particolare intervento da parte dei nostri corpi più sottili - ed in parte anche al nostro pensiero attivo - logico ed immediato - che, invece, ci permette di fare ragionamenti ben precisi.

I nostri muscoli imparano ad eseguire movimenti in modo coordinato per permetterci spostamenti all'interno di uno spazio ancora abbastanza ristretto. I nostri sensi imparano, pian piano, a riconoscere le cose dal tatto, dall'odore e anche alla vista. È un processo che esige un certo lasso di tempo, che all'inizio ci sembra quasi impossibile realizzare; ciò non ci impedisce di insistere, anzi, ci spinge e a non soffermarci e tentare in continuazione.

Cadiamo alcune volte a terra ma continuiamo a rialzarci fino a quando siamo in grado di gestire tutti i muscoli necessari per rimanere in posizione eretta. Dopo aver versato il bicchiere dell'acqua alcune volte, impariamo a direzionare e posizionare correttamente i muscoli delle braccia e delle mani per portare la bibita alla bocca e dissetarci.

Tutti questi sforzi sono l'energia del nostro pensiero che si muove in una precisa direzione per il conseguimento di qualcosa che desideriamo veramente. Poi però, una volta raggiunti questi scopi, ci dimentichiamo della potenza di questo nostro pensiero, il nostro interesse è distratto dall'illusione del mondo "materiale" e ci indirizziamo a cose probabilmente ancora più vanescenti del nulla da cui proveniamo.

Con la crescita, il nostro unico compito diventa quello di ottenere buoni risultati a scuola imparando a memoria le lezioni. Alcuni insegnanti tentano di inculcarci, magari, le proprie ideologie politiche o religiose, stimolando la nostra competitività invece che la collaborazione con i nostri simili; forse anche i nostri genitori fanno lo stesso, senza rendersi conto che, così agendo, stanno limitando la nostra immensità ad un'esistenza mediocre, molto probabilmente anche scialba e futile.

Nella maggior parte dei casi accettiamo quindi di diventare la copia esatta di certi adulti, anziché auto-stimolarci ad usare la nostra logica ed il nostro discernimento in modo costruttivo, alfine di entrare a far parte, in modo attivo, di quella creazione che abbiamo "immaginato" venendo al mondo.

Difficilmente accettiamo qualcuno che si preoccupa di aiutarci a riprendere contatto con quella parte di energia parzialmente coperta dalle altre energie più grossolane. In molti casi, addirittura, ci lasciamo persuadere che il conseguimento delle cose che desideriamo, non dipende da noi ma esclusivamente da fattori esterni.

Dimentichiamo così della prima cosa che abbiamo appreso in questo mondo, cioè che "volere è potere", e aspettiamo così che sia qualcun altro che prenda le decisioni al nostro posto; lasciamo che siano persone estranee a decidere del nostro "domani"; cessiamo insomma di "pensare" con la nostra testa, abbandonandoci a sogni "impossibili" da realizzare, sprecando in modo negativo l'energia che, invece, ci servirebbe per realizzarli.

Se ora ci rendiamo conto che tutto fa parte di una stessa energia, ci risulterà più facile comprendere che anche il più piccolo pensiero è energia. Trattandosi di un'energia molto sottile, il nostro pensiero è quindi in grado di muoversi liberamente attraverso e verso altre energie più grossolane, con le implicazioni creative che lascio ben immaginare.

A detta di alcuni, l'energia dei pensieri è la più grande energia che abbiamo a disposizione, basta solo trovare l'interruttore per metterla in moto nel modo corretto.

Questa energia è la stessa energia creativa che è stata in grado di creare questo universo in cui ci troviamo, un universo che noi stessi abbiamo assemblato, stabilendone le leggi e le regole; per questo siamo in grado di afferrarne il meccanismo quando decidiamo di incontrare qualcuno che usi le parole giuste per spiegarlo.

Non può essere complicato comprendere ciò che noi stessi siamo stati in grado di creare.

Sappiamo benissimo che ogni legge comporta delle regole, delle conseguenze. Se per esempio lancio un sasso in aria, secondo la legge della gravità la conseguenza logica sarà la sua ricaduta a terra.

Nello stesso modo, se voglio costruire una casa non posso deporre sul terreno il materiale e semplicemente immaginare che la casa cresca da sola, senza per altro seguire una determinata prassi di costruzione o interagire direttamente con il materiale stesso (a meno che non abbia già raggiunto un livello di consapevolezza tale da farlo).

Devo quindi procedere alla costruzione secondo una determina logica che prevede un inizio dalle fondamenta, la costruzione delle pareti ed infine il montare un tetto.

Nel caso della costruzione "effettiva", con interazione quindi sul materiale, la mia energia creativa accetta il presupposto della necessità e dell'abilità del mio corpo fisico di manipolare gli attrezzi, di miscelare il cemento e di affrontare uno sforzo; cose che, ricordo, in realtà sono solo parte della "grande illusione".

Se ora, invece, avessi la capacità di attingere direttamente all'energia base, il mio semplice realizzare che mi trovo in un mondo illusorio, mi permetterebbe di non dover intervenire con il mio corpo "fisico", ma potrei bensì semplicemente immaginare la costruzione lasciando il lavoro ad una parte di energia che non mi compenetra direttamente.

Paradossalmente comunque, questa eventuale capacità farebbe in modo che, molto probabilmente, non abbia neppure la necessità di procedere con la costruzione di questa casa, sarei infatti già al di sopra di questo genere di "necessità".

Questo processo è semplicemente l'interazione con quella parte esterna di noi praticata abitualmente dai cosiddetti "santi". Molti di loro hanno cercato e cercano di insegnarci, come giungere a questo, ma immaginiamo cosa potrebbe succedere se, improvvisamente, tutti noi cominciassimo a giocare con questo potere.

Anche se, come ho già detto, siamo tutti la stessa persona, abbiamo esigenze diverse, reagiamo agli eventi in modo diverso. Io potrei necessitare della pioggia per il mio giardino, mentre il mio vicino vuole il sole per abbronzarsi in piscina; ecco che quindi le nostre energie indirizzate per due cose contrarie, infrangono la legge della logica meteorologica dando il via ad una reazione a catena di cui non si possono prevedere gli effetti.

Questo non è, quindi, un buon motivo per valutare con molta più attenzione ogni nostro comportamento, cosa pensiamo e cosa veramente desideriamo attrarre nella nostra "vita"?

L'uomo e il mondo

La nostra possibilità di esprimerci in questo mondo avviene in modi che differenziano tra loro solo esclusivamente in base alla differente frequenza di vibrazione adottata e, quindi, in base al grado di raffinazione dell'energia implicata.

L'espressione più palese del nostro essere è data dalla presenza fisica, cioè mediante il corpo veicolare, una composizione di varie frequenze grossolane che ne stabiliscono consistenza, colore e calore. Questo nostro corpo materiale occupa uno spazio limitato e ben preciso; ogni suo interagire nello spazio/tempo implica lo spostamento di altri elementi "fisici".

Questo fatto è semplicemente spiegabile grazie al teorema di Archimede per cui un corpo immerso nell'acqua sposta la pari quantità del suo volume in acqua; lo stesso dicasi per l'aria, quando ci spostiamo da un luogo all'altro o anche quando, semplicemente, allunghiamo una mano.

Di frequenza di poco più sottile abbiamo invece i suoni che riusciamo ad emettere mediante la voce, con il semplice battere delle mani o anche mediante l'uso di strumenti esterni. Essendo più sottili, queste frequenze sono in grado di espandersi con maggior facilità, rispetto a quelle grossolane del corpo fisico, in quanto riescono addirittura a compenetrarle diffondendosi in modo più ampio.

Già queste frequenze da sole sono addirittura in grado di sconvolgere la materia seguendo uno schema ben preciso. In base alla tonalità di questi suoni si ottengono risultati diversi, l'esempio dell'acuto di una soprano che riesce a rompere i bicchieri di cristallo, oppure la perfetta struttura geometrica che può assumere dello zucchero posto su di una lamina metallica che viene fatta vibrare con l'archetto di un violino, possono rendere bene l'idea della forza logica che un suono può sprigionare.

L'idea che al suono delle trombe caddero le bibliche mura di Gerico, a questo punto assume una connotazione ben più realistica in quanto effettivamente possibile; il tutto sta nel riuscire ad intonare la corretta frequenza in grado di sconvolgere la controparte vibrazionale di una pietra, esattamente nello stesso modo in cui l'acuto sconvolge quella del cristallo.

Non molto dissimile potrebbe pure essere la "voce di Dio" quando, sempre dalla Bibbia, per esempio ordina: "Sia la luce", ma qui ovviamente subentrano ben altre condizioni energetiche decisamente ancora più sottili; non poco importanti quelle legate all'uso della "parola".

La parola, come è facilmente intuibile, non implica esclusivamente un insieme di fonemi e la loro articolazione fisica effettuata dal corpo veicolare – come l'emissione dell'aria dai polmoni attraverso le corde vocali, l'impostazione della laringe, del palato, della lingua e delle labbra – ma implica anche l'intervento di alcuni tipi di energie ancora più sottili ed importanti.

Abbiamo, per esempio, l'energia temporale che incorpora la parola, dandole il significato necessario alla sua comprensione; diciamo che è un semplice aspetto, necessario al riconoscimento del suono, come potrebbero esserlo i tratti somatici di un volto che permettono di riconoscere una persona.

Un'altra energia integrante nella parola, è quella del suo significato recondito ed intenzionale. "Sia la luce" è, per esempio, l'espressione di un ordine affinché qualcosa di concreto – per modo di dire, visto che, come già detto, tutto è illusione – subisca una modifica radicale a far apparire qualcosa che al momento ancora non c'è.

Come abbiamo finora visto, noi esseri umani "incarnati" siamo composti da vari livelli e combinazioni di materia astrale, la materia cioè che funge da vettore per l'energia base. Questi livelli sono a diretta dipendenza della più forte delle energie manifeste: l'Energia del Pensiero!

La nostra presenza in "questo mondo" è strettamente legata alle nostre azioni, che possono essere compiute a diversi livelli energetici.

Alcune di queste energie che usiamo, possono essere "disponibili", ovvero già presenti in modo definito, oppure "latenti", e che, quindi, necessitano di qualche "mezzo" per essere azionate o portate alla manifestazione.

Il nostro interagire con l'universo richiede inoltre la connessione ai tipi principali di energia: l'energia fisica, eterica, emozionale e quella mentale.

L'energia fisica è quella che più ci è palese, si presenta sotto innumerevoli aspetti, pensiamo per esempio alla gravità, al magnetismo, ma pure al calore di un corpo e al freddo del ghiaccio; non da meno all'energia elettrica che ci permette di illuminare, di cucinare, di riscaldare e di far funzionare molteplici apparecchi entrati a far parte del nostro quotidiano.

L'energia eterica, anche se molto vicina a quella fisica, è quella che ci permette invece di manipolare il "mondo fisico", quella che praticamente entra in funzione quando il nostro corpo esegue un movimento, quando lavoriamo o facciamo qualsiasi azione.

L'uso di questa energia è praticamente automatico, non dobbiamo infatti intervenire direttamente per utilizzarla, il tutto avviene a livello inconscio.

Malgrado ciò, con una pratica adeguata riusciremo a manipolare anche questa energia in modo consapevole, anche se comunque, grazie al raggiungimento di un controllo sull'energia mentale automaticamente anche l'eterica sarà sotto il nostro controllo.

L'energia emozionale è quella che scaturisce nel punto di incontro tra le energie fisica e eterica, e quelle più sottili a partire da quella mentale fino all'energia divina. Praticamente è come un mulinello formato dall'attrito che contraddistingue il punto di scambio tra il divino e la sorgente dell'umanità.

Tali punti di contatto vengono definiti come dei "turbini di luce", ben distinti tra di loro in base al tipo di energia che li varca. Immaginiamoli, in modo decisamente molto stravagante, come la piccola voragine causata dal forzato scambio di aria/acqua attraverso, per esempio, lo stretto scarico di un lavandino.

Queste piccole "ruote" sono chiamate chakra e ne vengono distinte ben sette tipi che, in base alla loro posizione di interscambio a livello del corpo fisico - posizioni tra l'altro corrispondenti a ben precise ghiandole - esprimono differenti colori e qualità.

I Chakra

Il primo chakra, rappresentato con il colore rosso, si trova nella zona delle gonadi alla base del nostro tronco, si ritiene il punto di passaggio delle energie legate all'istinto di sopravvivenza, alla sicurezza e al contatto con la "realtà" di questo mondo.

Il secondo, di color arancio, si trova all'altezza delle surrenali, poco sotto l'ombelico ed è la porta per le energie di carattere sessuale e dell'intimità.

Il terzo, di color giallo, si trova all'altezza del pancreas, nel cosiddetto plesso solare, all'inizio cioè dello sterno, ed è il passaggio della vitalità, del desiderio e del potere, è il punto che gestisce l'emotività.

Il quarto, verde, è all'altezza del timo, il centro del petto di fianco al cuore, ed è il centro dell'amore, della speranza e della compassione.

Il quinto, azzurro, si trova a livello della tiroide nella gola, regola la comunicazione, le sfide e la creatività.

Il sesto, indaco, è posizionato tra gli occhi dove ha sede l'ipofisi, viene chiamato "il terzo occhio" in quanto regola l'afflusso dell'intuizione, dell'abilità psichica e, in alcuni casi, della chiaroveggenza.

Il settimo, e ultimo chakra, è di colore viola, si trova sopra il capo nella zona detta "fontanella", dove ha sede la ghiandola pineale, e regola la comprensione della coscienza cosmica e l'illuminazione divina (basti pensare alle aureole dei santi e alle fiammelle dello spirito santo rappresentate proprio in questa posizione)[3].

Sapendo esattamente a cosa si riferiscono i chakra, sarà più facile ora anche effettuare un piccolo "pronto intervento", in

---

[3] Esiste una sufficiente letteratura in merito ai chakra e quindi in questa sede non andiamo ad approfondirne ulteriormente i significati.

caso di eccesso o carenza del flusso di una determinata energia: portando semplicemente la mano in quel punto specifico. Ci renderemo anzi conto che in molti casi lo facciamo già inconsciamente in modo automatico.

Il chakra che andiamo a trattare in questa sede, è il terzo, il "plesso solare", quello che si occupa delle nostre emozioni.

Anche questo, come tutti gli altri chakra, elabora energie che non sono esclusivamente e propriamente le "nostre".

Esiste sì, un certo livello di filtraggio ed elaborazione di tali energie, ma difficilmente saranno puramente energie inerenti il nostro specifico essere.

Emozioni

Dunque, ci troviamo spesso a lasciarci guidare da emozioni che crediamo nostre, ma che in realtà non lo sono.

Ci sarà infatti già capitato di trovarci in una situazione dove abbiamo provato delle spiacevoli sensazioni senza sapercene dare una spiegazione; una forma di leggero malessere emotivo senza che ve ne sia stato un motivo preciso; una depressione o una inspiegabile sensazione di paura, oppure, peggio ancora, puro panico.

Semplicemente, in questi casi ci siamo trovati a dover elaborare delle probabili emozioni latenti che sono entrate nel circolo energetico del nostro chakra.

A volte, queste interferenze sono solo casuali; in altri casi sono invece un condizionamento volontario da parte di altre persone che sono in grado di dirigerle in modo mirato.

Esistono, in effetti, molti individui che riescono a far si che le persone a loro vicine, non siano in grado, per esempio, di rispondere con un "No" a qualche richiesta particolare. In questi casi di condizionamento, la debolezza emotiva del secondo soggiace alla forza del primo, facendogli assumere un comportamento contrario alla propria volontà.

Se conosciamo una persona simile, basta premunirci in anticipo e portare la mano a coprire il nostro plesso solare quando la incontriamo; a qualcuno potrebbe sembrare una sciocchezza, ma fate la prova e vi accorgerete che funziona eccome!

Colgo l'occasione per citare che vi sono dei casi in cui, alcuni individui particolarmente "forti" riescono persino ad assorbire le energie degli altri, lasciando ancora più indeboliti ed incapaci di reagire i più deboli, o creando persino una certa negatività attorno a questi ultimi.

Solitamente queste persone sono considerate alla stregua di "vampiri", o anche "iettatori", porta sfortuna.

In questo caso però, non si tratta solo di una influenza sull'energia emotiva legata al terzo chakra dell'emotività, bensì ad un'interferenza che già si instaura su quella del primo chakra, relativa alla sicurezza e alla "materialità". Ecco spiegato perché, nella credenza popolare, trovandoci di fronte ad una simile persona, ci si protegge portando la mano nella zona delle gonadi, sede del primo chakra (i testicoli per i maschi e le ovaie per le femmine, tanto per intenderci).

Sono comunque molto rare le situazioni in cui ci troviamo completamente esposti a questo genere di persone "succhia energia"; il nostro subconscio ed il corpo mentale azionano quasi sempre qualche particolare reazione che funge da campanello d'allarme. Se siamo in grado di ascoltarli corriamo quindi in fretta ai ripari.

Molti di noi preferiscono reagire "pane al pane e vino al vino", sprecando cioè energie a cercare il "confronto diretto", con il rischio di uscirne in pessime condizioni; la soluzione migliore rimane invece quella della difesa, non richiede infatti alcuno sforzo da parte nostra ed i risultati sono comunque garantiti.

Trovandoci davanti a persone che ci risultano sgradevoli, basta quindi semplicemente coprirsi il plesso solare ed accavallare le gambe, in modo da respingere ogni minaccia, sia sul livello emotivo che materiale.

Contrariamente, lasceremo che le nostre ruote energetiche si fondano con quelle delle persone amate. Abbracciare una persona cara porta i relativi chakra ad avvicinarsi, permettendo un libero scambio energetico molto sereno; spesso siamo persino in grado di percepire l'energia fremere di piacere a livello del plesso solare.

In qualsiasi caso, è opportuno imparare ad avere un certo tipo di controllo sulle emozioni, oltre a discernerle tra le nostre e quelle che invece ci giungono da altre fonti.

Anche molti problemi di salute, che ci assalgono senza apparente motivo e che spesso non riusciamo ad eliminare, trovano la loro causa in emozioni non controllate; naturalmente mi riferisco qui all'eliminazione effettiva del problema, non al semplice alleviarne le conseguenze con dei medicamenti.

La medicina cinese, riconosce per esempio che questo tipo di disturbi vanno ad interessare, principalmente, il lato sinistro del nostro corpo. Eventuali sintomi che appaiono come "dal nulla" in questo lato, ci avvisano quindi che alcune emozioni stanno agendo nel modo errato sul nostro organismo.

Di sicuro non vogliamo essere persone fredde ed insensibili, è bellissimo infatti emozionarsi davanti ad un paesaggio particolare, davanti ad una persona speciale o ammirando un quadro; semplicemente dobbiamo evitare che la nostra vita sia condizionata da questi tipi di energia, altrimenti finiremo per essere guidati come burattini da qualsiasi onda emotiva anomala che capiti sul nostro cammino.

Che ci si renda conto o meno, molte delle nostre emozioni sono, per così dire, plagiate dall'ambiente in cui viviamo, in cui siamo cresciuti.

Anche queste non sono particolarmente utili al nostro sviluppo o alla nostra crescita perché ci impediscono di affrontare alcune situazioni nel modo più adeguato.

Se, per esempio, siamo cresciuti in una società chiusa, non disposta ad accettare chi giunge dal di fuori di essa, proveremo emozioni di timore o di diffidenza verso qualsiasi persona arrivi dall'esterno e con una mentalità diversa dalla nostra. In questo modo perdiamo, probabilmente, l'occasione di imparare cose nuove e di crescere come esseri umani.

Dunque, se lo vogliamo non è difficile riuscire ad estraniarsi dall'influenza delle emozioni altrui. Dico "se lo vogliamo" perché spesso, inconsciamente, siamo proprio noi stessi ad accettare, o persino a cercare queste emozioni.

Se riteniamo necessario separarci da qualche forma di emozione che non ci aggrada, basta semplicemente uscirne. Praticamente è come uscire da un locale dove l'aria non ci piace, e quando sappiamo di poterlo fare, siamo liberi di scegliere se e come lo vogliamo fare; potremmo anche decidere di soffermarci sull'uscio a "respirare" una via di mezzo.

Con la semplice mente consapevole, possiamo quindi analizzare le varie emozioni che proviamo, mantenerne un certo distacco in modo da non lasciarci coinvolgere.

Quando proviamo paura per qualcosa, possiamo immaginarci questa emozione come una nuvoletta nera separata da noi. Solo una attenta analisi obiettiva, può stabilire infine quale reazione dobbiamo averne in merito.

Alcune delle influenze emotive che subiamo, possono anche essere cariche di onde piacevoli e di amore. È comunque opportuno analizzare anche queste, in quanto potrebbero essere fuorvianti, da ciò che sono le nostre mire e ambizioni. Non è quindi il caso di lasciarci coinvolgere neppure da emozioni simili.

Semplicemente analizzando l'emozione che stiamo provando, la stessa svanisce da sola. Anche trattandosi di un'emozione giustificata, saremo in grado di reagire nel migliore dei modi in base alla necessità.

Non accumuliamo, quindi, del peso inutile nel nostro bagaglio energetico – le emozioni rimangono infatti registrate nel nostro corpo mentale - peso che, tra l'altro, potrebbe riproporsi come azione di disturbo influenzando situazioni analoghe nel nostro futuro.

È però molto importante non usare la forza di volontà per staccarsi e uscire dalle emozioni, bensì solo la capacità analitica della nostra "mente".

Questa analisi ci farà anche scoprire quante emozioni che ci hanno accompagnato per anni, siano semplicemente state stimolate, da sottili condizionamenti dell'ambiente che ci circonda.

Pensiamo all'orgoglio, la vanità, il maschilismo ed il femminismo, o persino al patriottismo e, purtroppo, spesso anche la fede religiosa. Tutte emozioni non propriamente nostre, che hanno condizionato il nostro comportamento e continuano a farlo, facendoci spesso agire in modi folli, da esseri privi di una propria coscienza.

Siamo arrivati ad un punto dove, per esempio, "non uccidiamo il nostro prossimo" per paura della "punizione divina", quindi, vergognosamente, non per il semplice ragionamento che ci porta a riconoscere una tale azione come "inutile", "ingiusta" e contro la nostra stessa natura. Oppure, in un'altra situazione uccidiamo, proprio perché condizionati dalla credenza che questo sia il volere di Dio.

Ma anche altre azioni, all'apparenza minori, sono legate a pregiudizi e condizionamenti, invece che ad una nostra spontanea comprensione dell'inutilità di tali atti. Come "non rubare" perché rispettiamo la "proprietà" altrui, o il "non mentire" per il rispetto del prossimo.

Spesso non ci rendiamo conto quante di queste emozioni, di queste "folli idee", non sono le nostre bensì di qualcun altro che ci sta usando, volontariamente o meno, per conseguire i propri scopi.

Se nella maggior parte dei casi è facile uscire dalle emozioni, per queste ultime purtroppo sarà un po' più difficile; sono infatti state così ben radicate in noi da così tante influenze esterne in merito, che fatichiamo a riconoscerle come inutili e, soprattutto, dannose.

Vediamo di trovare quindi il modo di esercitare la nostra mente ad una elaborazione più cosciente delle nostre emozioni.

Vi sono alcune semplici pratiche che, solo apparentemente, potrebbero sembrare sciocche, o addirittura senza senso, ma che in realtà stimolano notevolmente il nostro livello di attenzione e il controllo sulle emozioni, sia del primo che del secondo tipo.

Come primo, diciamo pure esercizio, prendiamo un semplice mazzo di carte (mischiate) e buttiamole, coperte o scoperte non fa differenza, su di un tavolo; non importa se ne cadono anche per terra. In seguito le prendiamo una ad una e le ordiniamo in base al valore ed al seme, dall'asso al Re. Fatto ciò rimescoliamo le carte e riponiamole nuovamente nel cassetto fino al giorno dopo per ripetere l'esercizio.

Non devono essere necessariamente delle carte. Possiamo per esempio prendere delle posate dal cassetto e fare lo stesso; proseguiremo riordinandole ben allineate nuovamente nel loro scomparto. Oppure anche una semplice scatola di fiammiferi che svuoteremo sul tavolo per poi riordinare, capocchia a capocchia, ogni singolo fiammifero nella scatola.

So benissimo che potrebbe sembrare una cosa sciocca ed inutile a farsi, ma dopo una sola settimana di questa "pratica", ci si rende conto che non ci si lascerà più prendere dalla rabbia, per esempio, quando ci accade qualche piccola banalità. "L'incidente" sarà invece un semplice fatto a cui seguirà una nostra reazione; avremo dunque già un certo controllo sulla nostra usuale reazione emotiva, che solitamente sarebbe stata di rabbia, delusione eccetera.

Il secondo esercizio potrebbe essere più difficile per molte persone, ma di sicuro non impossibile.

Ammettiamo che stiamo assistendo, alla televisione, ad un film appassionante, o anche un documentario interessante. Solitamente questo tipo di spettacolo implica un insieme di effetti visivi ed audiofonici che rendono il tutto accattivante e, inutile dirlo, emozionante.

Più questo spettacolo ci appassiona, più l'esercizio che andiamo a fare sarà utile. Infatti, semplicemente così, ad un certo punto, improvvisamente distogliamo lo sguardo dalle immagini, continuando a seguire solo il sonoro.

Probabilmente si presenterà spesso il desiderio di ritornare ad osservare cosa si stia svolgendo sullo schermo, specialmente quando i suoni denotano avvenimenti salienti. Teniamo invece il nostro capo girato dall'altro lato fino alla fine.

In un'altra situazione faremo invece l'opposto, continuando a guardare le immagini spegneremo l'audio.

La pratica si fa man mano più difficile; ora infatti continueremo a guardare il tutto, con video e audio, ma cercando di "isolare" alle nostre orecchie il dialogo, non prestando attenzione alla musica.

Poi ancora viceversa, ascoltando le musiche e non il dialogo.

Per concludere cercheremo di ascoltare solo un determinato strumento della colonna sonora, invece di tutta la melodia.

La ciliegina sulla torta arriva ora: nel bel mezzo di un'appassionante trasmissione spegneremo semplicemente il televisore e ce ne andremo a fare una passeggiata. Credetemi, non perdiamo assolutamente nulla di primaria importanza, nulla che ci permetta di vivere diversamente, da quanto non stiamo già facendo.

Se in questi primi due esercizi siamo stati gli unici attori, ecco che invece ora si presenta, con il terzo, l'interazione con (colui che crediamo sia) il nostro prossimo.

Stiamo camminando su di un marciapiede, altre persone si trovano davanti, dietro, di fianco, altre invece ci vengono incontro. Qualcuno dietro di noi ci sta quasi spingendo.

Solitamente non ci faremo caso proseguendo con il nostro passo, per questo esercizio invece ci scosteremo leggermente e, rallentando l'andatura, lasceremo passare con gentilezza un perfetto sconosciuto.

Oppure quella signora che, davanti a noi, si ferma improvvisamente a rovistare nella borsa: invece di inveire perché ha bloccato il passaggio, le faremo un cordiale sorriso e proseguiamo oltre senza più pensarci.

Ancora. Siamo incolonnati in auto, probabilmente con i minuti contati per arrivare al lavoro, o di fretta per tornare a casa a rilassarci dopo una dura giornata. Un'auto è ferma nella stradina a destra in attesa di potersi immettere nella coda, ma nessuno è disposto a concederle questa possibilità. Nessuno tranne noi, che con un gentile gesto della mano, la lasceremo entrare davanti a noi.

Se invece non abbiamo l'auto e stiamo tornando a casa con il bus, ci alzeremo dal nostro posto per lasciare libero il sedile a qualcun altro, non necessariamente una "signora anziana", potrebbe essere anche uno skinhead tatuato e pieno di piercing su tutto il volto, o uno yuppie capitato lì per sbaglio.

Possiamo qui continuare all'infinito con gli esempi, come lasciar salire nell'ascensore per prime le persone accanto e dietro di noi, con il rischio di rimanere fuori per mancanza di spazio eccetera.

Sembra incredibile, ma questi esercizi comportamentali - rigorosamente condotti con un sorriso sincero e cordiale sulle labbra, visto che queste persone ci danno l'opportunità di svolgerli - protratti per un po' di tempo ci fanno notare altre persone che lo stanno già facendo nei nostri confronti, molto probabilmente non ce ne eravamo mai resi conto prima.

Naturalmente, se qualcuno declinasse il nostro gesto non ci metteremo ad insistere, spingendo a forza le persone nell'ascensore o rimanendo fermi in mezzo alla strada in attesa che l'auto si immetta in coda davanti a noi, mentre gli altri dietro iniziano a spazientirsi ed a suonare il claxon; in questo caso proseguiamo in attesa della prossima buona occasione che non tarderà senz'altro a presentarsi.

Personalmente ho notato, per quanto riguarda per esempio il dare la precedenza alle auto che attendono di immettersi nella "mia" coda, di come, a loro volta, questi automobilisti facciano poi lo stesso con altri, seguendo il mio esempio, con lo strabiliante risultato che il traffico non ne risulta appesantito ma bensì scorre con maggior fluidità.

Il segreto per compiere queste azioni "altruistiche" cordialmente e sorridendo, risiede nell'immaginare che queste persone siamo noi; e lo siamo! Sappiamo quindi benissimo cosa ci farebbe piacere.

A questo punto quell'automobilista che sopraggiunge dietro di noi a folle velocità facendo di tutto per passare avanti, non sarà un prepotente, ma bensì siamo "noi" che magari abbiamo veramente una urgente necessità di recarci da qualche parte. Se poi in realtà si tratta veramente di uno spericolato la cosa non ci riguarda, non saremo certo noi ad ostacolarlo, non ci costa nulla lasciarlo passare.

Noi siamo e saremo sempre al posto giusto e al momento giusto, che ci crediamo o meno.

Se siamo in ritardo è solo semplicemente così, lo siamo e basta. Arrabbiandoci ed imprecando non recuperiamo certo il tempo che crediamo di aver perso, inoltre non possiamo sempre inventare scuse per colpevolizzare gli altri. Noi siamo gli unici responsabili di ciò che succede.

Di sicuro non è quel centesimo di secondo che ci farà arrivare più tardi all'appuntamento, ma potremmo arrivare molto più tardi se non siamo disposti a concederlo a qualcun altro, inoltre ci arriveremo tesi ed arrabbiati con il mondo intero, verdi di bile e con il fegato che rode avvelenandoci il sangue.

Una volta che siamo in grado di tenere sotto controllo le nostre emozioni, il nostro pensiero assume una conformazione ben diversa e più piacevole di come eravamo abituati fino ad ora.

Ci rendiamo finalmente conto di come molti dei nostri pensieri ci siano sempre apparsi sotto una luce ben diversa da quella che potranno avere d'ora innanzi.

L'uomo divino e il potere del pensiero

Praticamente ognuno dei modi di presiedere all'interno di questo mondo, a partire dal movimento del corpo veicolare fisico sino all'ultimo citato dell'uso della parola, è il frutto del nostro desiderio di rappresentare la nostra essenza in modo fisico.

Mi permetto una piccola parentesi.

Da notare bene che ho espressamente utilizzato il termine "desiderio" e non "necessità", in quanto il nostro "Essere Dio" ha scelto volontariamente di entrare nel mondo illusorio.

Siamo qui per nostra esclusiva scelta, non per volere di qualche "Essere Superiore" o per punizione.

Non esiste un essere superiore a Dio. Solo noi, essendo Dio - quindi con tutte le caratteristiche che ben conosciamo di onnipresenza, onniscienza eccetera - abbiamo quindi tutta la responsabilità per qualsiasi cosa accada.

Rimando qui chi fosse interessato, ad informarsi sulla pratica Hawaiana di Ho-o-ponopono, una tecnica che spiega, in modo molto semplice, come il nostro pensiero ed il nostro agire causino tutti i "problemi" del mondo.

Ho-o-ponopono insegna come lavorare prevalentemente su se stessi, con l'aiuto di un semplice mantra[4] (più o meno una preghiera), in modo da risolvere qualsiasi situazione.

---

[4] Il mantra di Ho-oponopono recita semplicemente: Mi spiace, perdonami, ti amo, grazie!

Questo "desiderio" di cui si stava parlando, ha subito una netta scissione al momento in cui il nostro corpo mentale ha iniziato una sua propria vita.

Da una parte il corpo mentale, separandosi dalla consapevolezza del divino, ha iniziato a cedere alle lusinghe del mondo illusorio, ne ha assorbito regole e limitazioni facendole proprie e creando un'intelligenza separata e limitata.

Dall'altra invece la consapevolezza dell'energia "divina" permette tutto questo, quindi concedendoci il "libero arbitrio", rimanendosene in disparte e cercando, a tratti, di mandarci dei suggerimenti su come la nostra vita potrebbe essere migliore di quanto noi "crediamo" che possa essere.

La nostra mente, che come ho già detto non è semplicemente localizzata nella zona del cervello, è come un cavallo imbizzarrito che fatichiamo a tenere a bada. Un turbinio di pensieri, di ricordi, emozioni e via dicendo, che si susseguono e si sovrappongono in modo apparentemente disordinato e caotico. Ma la cosa peggiore non è che questo accada, ma il fatto che lo permettiamo.

La soluzione, ce la suggerisce il nostro lato energetico divino, per esempio secondo la nostra ideologia religiosa che ci consiglia in alcuni casi la meditazione, la recita di un mantra o di un rosario.

Per chi ne sente il bisogno, a volte potrebbe essere utile la confessione ad una persona fidata o ad un parroco. In questo caso si riesce ad espellere energia di parte di quella animosità, che disturba la tranquillità della nostra mente, rinchiudendola in una forma fonetica e "passandola" ad un'altra incarnazione che, probabilmente meglio di noi non essendo sua, ha maggiori possibilità di elaborarla e, in un certo senso, annientarla.

Quando i pensieri sfuggono al nostro pieno controllo è ben difficile selezionarli ed indirizzarli correttamente verso ciò che veramente vogliamo raggiungere con consapevolezza.

Ogni nostro pensiero attiva delle vibrazioni che si estendono oltre lo spazio occupato dal campo energetico dei nostri vari corpi, di conseguenza è libero di espandersi nel mondo eterico, di disporre a piacimento della materia astrale. Senza controllo il nostro pensiero è persino in grado di attirare, o persino creare cose che potrebbero non piacerci affatto.

Dobbiamo tenere presente che nel cosmo esistono vari piani di vita, la maggior parte dei quali noi non conosciamo neppure, ma non per questo inesistenti.

Uno di questi piani è composto da elementi di carattere semi-intelligente, come per esempio l'essenza elementare, che ci circonda vivificando la materia del piano mentale ed astrale, più o meno come abbiamo visto precedentemente per l'intelligenza primigenia degli atomi.

Questa "materia sottile" risponde facilmente all'influenza del pensiero - come anche del suono, eccetera - ed ogni impulso emanato, sia dal corpo mentale che da quello astrale, la usa per rivestirsi di un veicolo temporaneo.

In questo modo, un pensiero o un impulso diventano una specie di essere indipendente attivo nei livelli più sottili, del quale l'energia mentale è l'anima, mentre la materia sottile vivificata, il corpo.

In questo caso è stato creato un essere indipendente che viene detto "forma pensiero".

Se questa forma pensiero non è nata da qualcosa di prettamente personale e non è riferita a qualcuno in particolare o ad un oggetto ben definito, vaga isolata nell'atmosfera emettendo vibrazioni di informazione sulla sua natura. Non incontrando altre forme pensiero della stessa frequenza si esaurisce gradatamente fino a scomparire.

Se, al contrario, entra in contatto con una vibrazione simile, già liberata o ancora presente nella mente di un altro individuo, avviene un fenomeno d'attrazione fra le due vibrazioni e la forma pensiero viene generalmente assorbita dal nuovo corpo mentale creando una specie di ponte di connessione con il corpo mentale di chi l'ha originariamente creata.

Questo fenomeno è quello che stabilisce il rapporto di amore, di odio, di simpatia o antipatia tra gli individui; a livello leggermente più grossolano può anche essere il collegamento telepatico tra due persone.

È un fenomeno che, sotto certi aspetti, può essere pericoloso. Se per esempio la nostra mente dà il via ad un pensiero di "paura di essere derubati", la relativa forma pensiero attirerà la sua controparte di vibrazione dal corpo mentale di qualcuno che ha intenzione di derubarci.

Questo è solo un piccolo esempio, lascio dunque immaginare cosa potrebbero attrarre le nostre paure.

Il nostro modo di pensare, perciò, è di primaria importanza, non solo per una mente più calma e tranquilla, bensì per riuscire a concentrare maggiormente la nostra attenzione su pensieri che stimolino esclusivamente il contatto con cose piacevoli, attirando così solo cose utili al nostro benessere.

L'azione di queste forme pensiero non si riferisce esclusivamente a sentimenti o ad azioni come già citato poc'anzi, è un procedimento che riesce a dare il via ad un altro tipo di energie, le quali ci permettono di attirare anche cose materiali. Una situazione quasi simile al miracolo della creazione ma che segue un percorso più… "terra a terra".

Questa nuova forma pensiero legata al pensiero e al desiderio di una situazione ben distinta, come per esempio la voglia di una mela, crea attorno al nostro campo energetico una specie di magnete che distingue, in modo autonomo, quali altri campi energetici attirare e quali invece respingere.

Praticamente, la forma pensiero creata del desiderio della mela, si riconosce nella via più facile per arrivare alla mela stessa, la quale a sua volta sta emanando delle vibrazioni in sintonia

Tale sintonia agirà quindi, facendo tutto ciò che le è concesso a portare i nostri corpi – dal mentale al fisico – fino al luogo dove possiamo ottenere questo "frutto" del nostro desiderio.

Più il nostro pensiero sarà forte su questo desiderio, più facile sarà conseguire in ciò che vogliamo.

Probabilmente non siamo in grado di materializzare improvvisamente la mela già nel nostro palmo, anche se ciò è fattibile, e quindi non possiamo pretendere di starcene seduti in poltrona nell'attesa che la mela venga a noi. È implicita un'azione, anche se guidata da energie intelligenti e più sottili, da parte del nostro essere fisico.

Credo che siamo ormai giunti, finalmente, al punto in cui possiamo già iniziare a parlare di miracoli.

Cos'è un miracolo?

Anche se finora ho cercato di dare delle semplici spiegazioni tecniche relative a certi tipi di energia proprie della vita, ciò non toglie che la vita stessa è una forma di miracolo.

Ma il "miracolo" di cui quasi tutti noi siamo alla ricerca, è inteso come l'avverarsi più concreto e "relativamente" immediato, di un desiderio espresso dalla nostra mente razionale.

Nel frattempo non ci accorgiamo che nel nostro quotidiano stiamo sempre facendo dei piccoli miracoli; non ci rendiamo conto che qualsiasi cosa accada attorno a noi è già stata attratta e "miracolosamente" creata da noi.

Mi si permetta, prima di continuare ad affrontare il tema dei miracoli, di aprire nuovamente una parentesi.

Questa volta sulla nostra responsabilità per tutto ciò che accade attorno a noi, e per cui consiglio nuovamente di prendere informazioni su Ho-o-ponopono.

Lo so, è difficile credere che siamo responsabili per quei morti per l'esplosione di una bomba o per tutti quei bambini che soffrono e muoiono di fame.

Eppure siamo noi gli unici responsabili.

Certo non intendo dire che, volontariamente, abbiamo costruito quell'ordigno, o che siamo la causa della siccità che impedisce la crescita di cibo in certe zone del mondo, ma non dimentichiamo che siamo Dio, che è nel nostro potere cambiare le cose invece di abbassare la testa e far finta di non vedere cosa succede accanto a noi, per permetterci di continuare in una situazione di "comodo" dalla quale siamo già fuggiti venendo al mondo.

Ho già spiegato prima che l'energia più potente al mondo è quella del nostro pensiero, credo che possiamo renderci conto che "pensare a quei poveri morti assassinati" non è di aiuto a nessuno, abbiamo semplicemente creato, spinti da una influenza emotiva, una inutile forma pensiero di pietà e dolore.

Non è neppure di aiuto pensare a come siano "maledetti" coloro che hanno ordito l'attentato; la forma pensiero che in questo caso lasciamo in libera circolazione, è una creatura imperniata di odio e rancore e fomenterà altre forme pensiero di odio e rancore.

Pensiamo, piuttosto, a come usare al meglio il potere creativo del nostro pensiero per dare il via a delle situazioni migliori dove non esista lo scontento, dove non abbiano a sorgere avidità, gelosia o dannosi estremismi politici e religiosi.

Mandando pensieri mirati, positivi e d'amore, alle persone che commettono crimini, la nostra forma pensiero si affiancherà a queste persone interferendo sui loro pensieri distruttivi che non condividiamo.

Non è forse questo che Dio vuole? Oppure un mondo di pace e amore, dove tutto si svolge senza intoppi, ci sembra troppo monotono e poco interessante?

Chiudendo la parentesi a questo punto vorrei citare il film documentario "The Secret" dell'australiana Rhonda Byrne.

In questo film vengono spiegate, per esigenze di copione purtroppo in modo molto evasivo, delle grandi verità su quanto concerne il potere del pensiero e sulla nostra responsabilità per tutto quanto ci succede.

Ebbene, questo film, che personalmente ho apprezzato e ho visto anche più volte, sembra che abbia causato molti più danni che non benessere alle persone che lo hanno visto.

Per tutta la durata della pellicola si è solo parlato di come sia facile ottenere ciò che si desidera grazie unicamente alla forza del pensiero, dimenticando però di spiegare come usare questo pensiero e, soprattutto, per quali intenzioni.

Moltissime persone si sono illuse sulla semplicità del funzionamento di questo "segreto" che apre tutte le porte e permette di ottenere tutto quello che si vuole.

Ecco che purtroppo sono stati molti coloro che hanno inutilmente cercato di mettere in pratica i consigli suggeriti in questa pellicola; mancano, infatti, dettagli di grandissima importanza.

Torno ad asserire, ancora una volta, che il pensiero è l'energia più potente che abbiamo a disposizione. Per questo motivo è facile accettare il fatto che possono essere compiuti miracoli con la semplice forza del nostro pensiero. Un pensiero che è in grado di mutare la nostra vita, farci star bene, darci benessere materiale, sicurezza e qualsiasi altra cosa necessitiamo.

Imparando ad usare in modo corretto questa nostra capacità, siamo in grado di compiere con naturalezza azioni ritenute finora impossibili.

Certo, perché possiamo compiere grandi imprese semplicemente grazie all'uso controllato dell'energia dei nostri pensieri.

Il controllo sui nostri pensieri

Come qualsiasi cosa, che si affronta per la prima volta, è possibile che ci si scoraggi nel non riuscire subito a gestire i frutti della nostra mente, imbrigliare quel cavallo imbizzarrito che sono i nostri pensieri in modo da ottenere il risultato ambito.

Per chi non è abituato ad esercitare la meditazione può sembrare molto difficile concentrarsi su di un singolo pensiero.

Come accadde per i nostri primi passi quando abbiamo appreso a camminare, faremo all'inizio alcuni errori, cadremo e ci rialzeremo.

Occorre molto tempo prima di riuscire a visualizzare mentalmente un elemento nella sua completezza, renderlo il più reale possibile, quasi palpabile; alcuni potrebbero arrivarci più in fretta di altri, l'importane è non scoraggiarsi.

Raggiunto questo grado di visualizzazione, la nostra forma pensiero, in gran parte già ricoperta da materia molto vicina a quella grossolana, è pronta per "spiccare il volo" incontro alla sua realizzazione che, in questo caso, sarà - oltre ad essere mirata verso qualcosa che abbiamo scelto consapevolmente - molto più veloce del consueto.

Come non possiamo pretendere di essere in grado, da neonati, di partecipare ad una gara di ginnastica artistica, anche in questo caso dobbiamo esercitarci affinché tutte le nostre energie riescano a collaborare nel modo corretto, dirigendosi a concretizzare, nello stato energetico più grossolano, l'oggetto del nostro desiderio.

Se da bambini lo stimolo per l'apprendimento basico della motorietà era automatico, dato quasi esclusivamente dalla necessità e dal desiderio, in questo caso invece è dato dalla nostra propria volontà, che in molti casi, purtroppo, non è sufficientemente permeata di determinazione.

Probabilmente non è la nostra volontà ad essere debole. Siamo così ansiosi di raggiungere dei risultati, che spesso cediamo dopo alcuni tentativi dando retta al nostro "Ego materiale".

L'Ego materiale si darà infatti molto da fare per cercare di convincerci che non abbiamo bisogno di esercizi per il raggiungimento di un controllo sul pensiero; ci dirà che noi non ce la faremo, che stiamo procedendo in una direzione errata e pericolosa, ma soprattutto che la "realtà" è un'altra: quella materiale.

Lasciamo pur fare a questo "impiccione" di Ego, ciò per cui questi esiste, cioè renderci attenti su eventuali pericoli legati alla nostra fisicità, ma non dimentichiamo di essere ben altro che un ammasso di carne e muscoli e continuiamo ad esercitare il nostro corpo mentale a prendere sempre più contatto con altri livelli di energia cosmica.

Per imparare a muoverci a nostro agio in questa nuova "materia di studio", dobbiamo comunque seguire una prassi ben determinata; anche per la matematica abbiamo dovuto apprendere, all'inizio, che due più due dà, come risultato, quattro, prima di passare ad operazioni più complesse, quali equazioni trigonometriche eccetera.

Le tre basi principali da perfezionare per raggiungere un discreto livello di padronanza del nostro pensiero sono: l'osservazione, la concentrazione e la meditazione.

È importante imparare ad eseguire queste pratiche senza fretta, fino a quando ne abbiamo la completa padronanza.

Tenendo sempre presente che siamo noi stessi i creatori di questo mondo, possiamo comprendere che qualsiasi cosa abbiamo creato ha un suo preciso significato. Siamo esseri intelligenti, è quindi impossibile che ci siamo persi in cose inutili.

Ciò non vuol dire che dobbiamo perdere tempo a "spremerci le meningi" cercando di capire per quale motivo abbiamo creato quel sassolino ai bordi della strada o quel maremoto che ha distrutto un'intera regione ed i suoi abitanti; dobbiamo semplicemente riconoscere queste cose, accettare la loro esistenza – naturalmente a livello di illusione - senza peraltro lasciarcene influenzare.

Tutto questo semplicemente per il fatto che la nostra parte divina è perfettamente a conoscenza del motivo per cui le abbiamo create; sono tutte cose che abbiamo posto lì per un motivo ben preciso, punto e basta.

Dio non sbaglia mai, piuttosto è la nostra mente razionale, legata al mondo illusorio, che si convince di riconoscere degli errori laddove non ve ne sono.

Anche per esempio il dolore o la sofferenza, sono esclusivamente dei particolari stati di frequenza delle nostre vibrazioni, che ci è concesso spegnere o accendere con il giusto "interruttore", basti qui pensare al possibile effetto di un anestetico o dell'ipnotismo.

Ammettiamo di provare una sensazione di dolore in seguito ad un colpo che abbiamo dato contro lo spigolo di un tavolo. Il fatto che la nostra mente vi presti molta attenzione, farà sì che tale dolore esista, sia esso di debole o forte intensità.

Nel momento però in cui distogliamo l'attenzione portandola verso qualcosa d'altro, ecco che questo dolore "perde" la sua importanza, si affievolisce o addirittura scompare.

L'eventuale livido che comparirà sulla pelle, è parte del processo logico delle energie che sono state messe in moto al momento dell'urto.

È necessario quindi, apprendere a non identificarsi con ciò che ci succede o ciò che ci circonda, è necessario non giudicare le situazioni ma assumere la qualità di "semplice osservatore esterno" ed eventualmente agire affinché le situazioni "spiacevoli" non abbiano più a presentarsi.

Identificare il nostro corpo mentale con le energie in atto nella zona d'urto contro il tavolo, significa permettere alla sensazione di dolore di pervaderci completamente; mentre l'osservarle come assistendo ad una piéce teatrale, non solo evita il coinvolgimento che influenza il nostro corpo mentale, ma permette di passare, con maggior disponibilità, al prossimo "atto".

Chiedo scusa, ma apro nuovamente una parentesi.

Se si potesse osservare un corpo mentale, ci si renderebbe conto di quanto inutile peso questo trascini con sé. Questo peso è il risultato delle situazioni che abbiamo vissuto ed in seguito consciamente o inconsciamente immagazzinato.

Non per nulla, anche in psicanalisi si lavora molto in modo da riportare "a galla" ed eliminare certe situazioni che hanno influenzato, e continuano ad influenzare, i nostri comportamenti. Molte altre correnti di pensiero partono anch'esse dal presupposto che per poter entrare in pieno possesso della nostra vita, occorre dapprima liberarsi da questi pesi.

Queste zavorre non ci lasciano progredire in modo spedito, sono come sanguisughe che si installano in vari punti del nostro "ciclo energetico" ad impedire lo scorrere armonioso delle energie che i nostri corpi necessitano.

La medicina cinese lavora molto su questi blocchi del flusso energetico – flusso già grossolano misurabile e persino riconosciuto dalla medicina tradizionale - delle energie chiamate Yin e Yang.

L'agopuntura stimola, mediante l'uso di aghi, determinati punti situati in particolari canali - i meridiani, dove appunto queste energie fluiscono attraverso il nostro corpo – in modo da sciogliere i blocchi che hanno, come effetto manifesto, problemi principalmente di carattere "fisico".

I punti dell'agopuntura ed i meridiani sono in continua fase di studio. Recentemente sono state sviluppate delle sorprendenti tecniche che permettono a chiunque di "liberarsi" facilmente di questi pesi, cui abbiamo finora permesso di nutrirsi della nostra energia vitale.

Mi riferisco qui particolarmente alla semplice tecnica EFT, Emotional Freedom Techniques, che tradotto significa "Tecnica di libertà emozionale".

La tecnica, che come dicevo è molto semplice, consiste nel "picchiettare" con le dita su alcuni punti di inizio o fine dei meridiani mentre, verbalmente, si esprime la propria volontà a non volersi lasciare influenzare da una determinata situazione.

Anche in questo caso è possibile rintracciare molti testi e spiegazioni in merito a questa tecnica; quindi non mi dilungo in merito. Tengo solo a sottolineare che il suo funzionamento è comunque strettamente legato allo stimolo del flusso energetico e all'uso della "parola".

(Chi fosse interessato può trovare esauriente materiale in lingua italiana sul sito internet: www.eft-italia.it).

Andiamo ora a vedere cosa possiamo fare per arrivare alla padronanza del nostro pensiero.

Primo passo: l'osservazione

Esercitiamo inizialmente la nostra capacità di osservare nel modo corretto.

Qualcuno, probabilmente, non ha alcun problema a memorizzare automaticamente, anche nei minimi dettagli, una qualsiasi situazione si sia potuta presentare nell'arco della giornata; altri invece, non hanno mai avuto la necessità di questa pratica, quindi hanno bisogno di esercitarsi più a lungo.

Ognuno può usare il metodo che più preferisce, qui posso solo suggerire tre provati esercizi, comunque molto importanti, per avviarci sul cammino per la riconquista della supremazia sulla nostra mente.

Il primo esercizio potrebbe essere quello di chiudere gli occhi dopo essere passati davanti alla vetrina di un negozio, e cercare di visualizzare mentalmente e riconoscere il maggior numero di oggetti possibili presenti in quella particolare esposizione.

Ad ogni occasione in cui ci si presenta una situazione più o meno simile, in un negozio, in una casa che visitiamo per la prima volta eccetera, cercheremo di fare lo stesso esercizio.

Come secondo esercizio potremo, dopo aver salito o sceso una rampa di scale, soffermarci e cercare di ricordare esattamente di quanti scalini fosse composta.

Il terzo esercizio, da fare prevalentemente la sera, è quello di cercare di ricordare e "rivivere" il più dettagliatamente possibile almeno 3 minuti ininterrotti di alcune azioni compiute durante la giornata; la posizione che avevate bevendo il caffè, in quale tazza, il sapore esatto e la temperatura che aveva, l'aroma ... e via dicendo.

Dopo una settimana o due di questi esercizi, ci renderemo conto di come la padronanza della nostra capacità di osservazione e memorizzazione passiva sarà sorprendentemente migliorata.

Il primo esercizio ci aiuta a sviluppare la nostra capacità di osservazione e di memorizzazione, il secondo invece implica anche l'uso di un calcolo mentale automatico (ritmo e tempo); infine, grazie all'esercizio serale nel quale è molto importante l'abbinamento tra memoria visiva e sensoriale, abbiamo perfezionato la nostra capacità di dare un aspetto ben più simile al reale ai nostri pensieri e ricordi.

Questi primi esercizi sono strutturati su attimi fuggenti che implicano cose e sensazioni visive e tattili; i prossimi invece, relativi alla concentrazione, ci servono per passare ad un livello superiore, quello che ci permette di dirigere e mantenere consapevolmente la nostra attenzione su determinate azioni mentali e sensazioni emotive.

Secondo passo: la concentrazione

La nostra giornata – lavorativa, scolastica o sportiva eccetera. – implica un determinato sforzo mentale. Nella maggior parte dei casi chiamiamo erroneamente questo sforzo "concentrazione".

In effetti questa non è "concentrazione", è una forma di reazione del nostro cervello quasi prettamente automatica. È più simile ad una routine entrata a far parte dell'automatismo nel nostro sistema energetico, una pratica che non richiede e non stimola la nostra reale capacità di concentrazione.

Condurre l'auto, per esempio, è un gesto che compiamo automaticamente; la nostra attenzione viene spostata sulle differenti situazioni, ma ogni nostra reazione ai vari "pericoli" è già registrata nella nostra forza di reazione, segue cioè una logica passiva.

A scuola potremmo essere molto attenti a ciò che il professore sta spiegando. Seguiamo parola per parola quello che ci viene insegnato e lo memorizziamo, con facilità o meno. Nella maggior parte dei casi questa situazione è semplicemente un assimilare delle nozioni.

Nel corso di un esame, si spera, siamo invece costretti ad uno sforzo maggiore per riordinare queste nozioni in un ragionamento logico attivato a seconda della necessità.

Questo "sforzo" è già molto più simile alla concentrazione di cui stiamo parlando, ma ancora non è esattamente ciò che si intende.

Come possiamo notare molto chiaramente dall'esempio dell'esame, la concentrazione che qui intendo è quella che non implica semplicemente un ricordo o una azione, eseguita seppure con attenzione ma in modo automatico; questa concentrazione è un insieme di tutte queste cose, gestite da una logica attiva, da un ragionamento, da quella parte di energia, quindi, che prevale sopra le energie grossolane del corpo mentale.

La differenza tra la "concentrazione" che utilizziamo giornalmente in modo automatico e questo tipo di concentrazione, è che quest'ultima è un atto deliberato dalla nostra espressa volontà e non stimolato semplicemente dalla necessità.

Esiste una grandissima differenza tra i pensieri emozionali passivi e quelli attivi: credo che su questa terra siano ben pochi a vivere esclusivamente spinti dai pensieri emozionali attivi; queste persone sono quelle che si distinguono per la loro elevazione, ben al di sopra di quella comune.

Per riuscire a comprendere quanto siamo ingannati dalla nostra credenza di padroneggiare la capacità di concentrazione, basta fare un semplice test che spiego qui di seguito.

Rimanendo rilassati e compostamente seduti – senza accavallare le gambe e non da sdraiati – chiudiamo gli occhi ed iniziamo a visualizzare nella nostra mente, esattamente ed in dettaglio, le azioni da svolgere per realizzare una determinata fase del nostro lavoro quotidiano. Attenzione però, non si tratta di richiamare un'azione già avvenuta, come abbiamo fatto nell'esercizio del passo precedente, bensì una nuova situazione lavorativa da compiere adesso a livello mentale.

Immaginiamo, passo per passo, ogni singolo movimento come se lo stessimo veramente svolgendo. Se sono un cuoco mi immagino, per esempio, mentre preparo sui fornelli le varie pentole, la mia postura all'interno della cucina, gli eventuali rumori e profumi, il movimento che compio per affettare le verdure, l'attenzione che devo riporre per i vari passaggi da compiere a realizzare la ricetta eccetera... il tutto seguendo esattamente gli stessi tempi necessari allo svolgimento di questa mansione.

Sinceramente: quanti secondi sono trascorsi prima che un pensiero estraneo giungesse a perturbare questa visualizzazione? Non vale barare, non siamo qui per vincere una gara, siamo qui per crescere insieme!

Passiamo ora agli esercizi consigliati per stimolare la concentrazione.

Questi semplici esercizi possono essere eseguiti in contemporanea con quelli dell'osservazione indicati nel capitolo precedente.

Il primo è un esercizio di calcolo.

A scuola abbiamo imparato a memoria le tabelline, quindi le semplici moltiplicazioni dei numeri unitari le eseguiamo in modo automatico, con logica passiva.

Questo esercizio invece, implica un grado superiore di calcolo che stimola una visualizzazione leggermente più complessa; iniziamo infatti ad effettuare mentalmente moltiplicazioni tra numeri a due cifre, come per esempio il 46 ed il 62.

Senza l'aiuto di una calcolatrice o di carta e penna ci accorgiamo che questo calcolo implica una concentrazione mentale ben differente da quella cui siamo abituati.

Il nostro cervello però riesce ad affrontare questo calcolo, anzi, farà ancora di meglio: creerà con i collegamenti neurali una specie di "programma" di elaborazione che funziona sempre più velocemente come in un computer.

Ripetiamo spesso questo tipo di calcolo mentale fino ad acquisire una certa scioltezza, nota bene che non si tratterà di calcolo automatico come per le tabelline imparate a memoria a scuola. In seguito potremo anche procedere ad esercitarci moltiplicando numeri a tre cifre, come per esempio 218 e 722.

Non lasciamoci spaventare se già l'inizio ci può risultare difficile; se ben esercitata la capacità di calcolo del nostro cervello può giungere ad elaborare operazioni anche ben più complesse.

Il successo sta nell'esercitarsi regolarmente, ma soprattutto una gran parte del segreto risiede nello scopo per cui lo stiamo facendo.

Non si tratta infatti, di prepararci ad un esame o per essere pronti a far di conto mentalmente in qualche banale situazione, stiamo imparando ad usare nel migliore dei modi l'energia che abbiamo a nostra disposizione.

Il secondo esercizio di questo passo consiste nel memorizzare un testo, per esempio una quartina di una poesia, o le prime due frasi di un testo qualsiasi.

Solitamente la memorizzazione di un testo ne implica anche una particolare comprensione, decisamente diversa da quella stimolata durante la semplice lettura.

Il nostro impegno in questa pratica fa in modo che il testo assuma connotazioni molto più reali a livello mentale. La nostra concentrazione analizza l'uso delle parole, la composizione grammaticale della frase, il significato specifico delle parole; inconsciamente rievochiamo anche in noi l'emozione che lo scrittore ha voluto esprimere.

Non si tratta più di leggere semplicemente, ma anche di capire cosa si legge, visualizzandolo e, in un certo senso, anche sentendolo a livello emozionale.

Eccoci al terzo esercizio: visualizzare ed analizzare mentalmente il viso di una persona sconosciuta che si è intravista per un brevissimo istante per strada o al bar.

Non ci limitiamo qui a visualizzarne i tratti somatici del viso, ma osiamo addentrarci a livelli superiori della semplice osservazione fotografica, cercheremo dunque di analizzarne l'espressività, di capire l'energia emanata da quella persona.

Sappiamo benissimo quanto possa essere difficile analizzare in modo corretto una persona, figuriamoci una persona intravista solamente per alcuni istanti. Ciò non toglie che al primo sguardo, inconsciamente, notiamo dettagli espressivi molto significativi che stimolano o meno la nostra energia simpatica con i nostri simili.

Oltre allo stimolo dell'attività mnemonica del nostro corpo mentale, questi esercizi toccano livelli ben precisi di concentrazione.

Il primo esercizio stimola le sinapsi del cervello, ci aiuta a focalizzare e mantenere più a lungo la nostra concentrazione attiva mentale.

Nel secondo esercizio è richiesta anche una più attenta analisi della forma espressiva di un'altra entità - in questo caso un testo - mossa da energie apparentemente separate dalle nostre.

È richiesta l'abilità di elaborare mentalmente una forma complessa, composta da linguaggio, logica ed immaginazione talora differenti dalle nostre, ponendoci in grado di entrare in un sistema emotivo differente da quello cui siamo abituati.

Ciò aiuta anche a mantenere attivo in modo consapevole un pensiero complesso e non solamente una piccola parte di esso.

Il terzo favorisce la crescita dell'intuito spontaneo che viene stimolato dall'energia emessa dall'aspetto fisico di altre entità.

A lungo andare ci si renderà conto di riuscire ad entrare meglio in sintonia con le persone con le quali abbiamo a che fare. In questo modo, difficilmente subiremo attacchi emozionali esterni e, cosa molto importante, il nostro corpo mentale sarà consapevole se permettere o meno l'accesso di forme pensiero che giungono da queste persone.

La cosciente applicazione di questi tre esercizi ci porta a far funzionare il nostro cervello in modo separato da noi stessi. È come poter osservare da un punto esterno il cervello che lavora per nostro conto.

La nostra mente diviene nel contempo il supervisore del cervello, il quale svolge automaticamente l'attività da noi desiderata.

Questa osservazione ci porta gradualmente anche ad una miglior comprensione del pensiero. Il pensiero è un'attività del corpo mentale, e la mente può funzionare indipendentemente dal cervello. È quindi possibile pensare al di fuori del cervello, molte persone sono già in grado di fare ciò senza il minimo sforzo.

Terzo passo: la meditazione

La meditazione è una "azione" nella quale il nostro essere si pone nello stato contemplativo di una raffigurazione - di qualcuno o di qualcosa - mentre il nostro corpo mentale ed il nostro cervello non svolgono assolutamente attività alcuna.

Nella concentrazione siamo riusciti ad estraniarci dal pensiero del corpo mentale mantenendo però un certo livello di attività nel pensiero più sottile, quindi con un determinato giudizio alla guida di tale pensiero.

Lo scopo invece della meditazione è quello di riuscire ad interrompere ogni nostro collegamento tra il noi Divino ed il pensiero. Riuscire ad adagiarci in uno stato di inerzia quasi assoluto e ritrovarci a galleggiare nel "nulla" da cui siamo balzati nel mondo materiale. Potremmo dire una specie di "estasi mistica", o di "Nirvana", come lo chiamano gli induisti.

Lo facciamo però non in modo da cancellare tutto il resto, bensì in modo da lasciarci trascinare da uno stato all'altro con piena fiducia della volontà dell'energia base, la cosiddetta fede assoluta nel divino.

Durante lo svolgimento degli esercizi suggeriti qui di seguito, non sarà infatti la nostra mente attiva a condurli dall'inizio alla loro conclusione, ci limiteremo a prendere atto dell'esperienza da gestire per poi darle semplicemente il via, lasciandoci trasportare da ogni singolo esercizio.

In tutte e tre le esperienze, la prima sensazione che abbiamo è quella di "riconoscere" il soggetto della nostra meditazione, reazione, credo, abbastanza semplice.

A questo punto però, il nostro compito diviene quello di "vederci" mentre riconosciamo tale soggetto, quindi non "pensare che lo stiamo riconoscendo" bensì osservarci mentre "pensiamo di riconoscerlo".

Ma non è ancora finita! Dopo di ciò si tratterà di prendere conoscenza del fatto che "stiamo assistendo a come ci stiamo vedendo riconoscere".

Per ultimo subentrerà la cosa più semplice: accettare, senza alcun timore, di essere qualcosa di differente da ciò che si è sempre creduto.

La disposizione a questi esercizi richiede una certa preparazione, principalmente di carattere fisico.

Agli inizi sarà proprio questa fase di preparazione che ci prenderà molto più tempo, per cui è opportuno assicurarsi di scegliere un luogo appartato, dove si è sicuri di non venir disturbati per almeno un'oretta.

Temperature permettendo, l'ideale sarebbe in un bosco in mezzo alla natura, con aria pulita e salubre. Se abbiamo avuto la possibilità di farci un bagno nelle acque fresche di un fiume, sarà ancora meglio.

Inutile sottolineare che anche una sana alimentazione e la sufficiente assunzione di acqua naturale, sono comunque importanti, e questo non solo per poter eseguire questi esercizi.

Una buona premessa per ogni esercizio è sempre una posizione seduta, comoda, i piedi a terra, le gambe non accavallate e tutti i muscoli del corpo rilassati.

Le pratiche yoga danno molti spunti per le posizioni da assumere durante la meditazione, ognuno ha una conformazione fisica differente ed è quindi molto soggettivo prediligerne una piuttosto che un'altra.

In linea di massima si evitano posture che causano tensioni muscolari. Il pollice e l'indice vengono morbidamente uniti alle punte, a volte anche con il medio.

Si presta particolare attenzione a rilassare i muscoli del cuoio capelluto, attorno agli occhi, al naso e alla bocca. Le spalle ed il torso si rilassano più facilmente dopo alcuni esercizi di stiramento e contrazione muscolare.

I primi respiri sono molto profondi. L'aria entra molto piano nel nostro corpo attraverso le narici e ne esce attraverso le labbra socchiuse, soffiando come a spegnere una candela davanti a noi.

Ci preoccupiamo di espellere completamente anche l'aria dalla zona addominale mediante la contrazione muscolare di tale zona.

Nelle prime respirazioni noteremo inoltre, che l'aria espirata sembra maggiore di quella inspirata, ma ciò è normale, si tratta di aria "stagnante" che tratteniamo inconsciamente come una forma di riserva.

Il respiro diviene ora ritmico, gestito in base al nostro stato energetico; se per esempio siamo tesi tratteniamo il respiro per una pausa leggermente prolungata dopo l'espirazione, contando fino a tre (scaricarsi), all'opposto, se ci sentiamo un po' fiacchi, la pausa verrà fatta dopo l'inspirazione (caricarsi), sempre contando fino a tre.

Per l'inspirazione e l'espirazione contiamo invece più o meno fino a sette, adattando il tempo in base alla nostra conformazione fisica.

Lasciamo in seguito che il ritmo del respiro diventi naturale e spontaneo. Chiudiamo gli occhi e affrontiamo con completa fiducia la prima esperienza.

Davanti a noi una luce azzurro chiaro prende il posto del buio; se avete già notato il buio che ci si presenta ad occhi chiusi, non è mai completo, è sempre contraddistinto da puntini luminosi che, in questo caso, si uniscono a formare appunto questo "schermo" di una luce azzurra molto chiara.

Questa luce diviene sempre più estesa attorno a noi, ce ne sentiamo avvolti e ne percepiamo in un certo senso il calore.

Il più lentamente possibile questo azzurro chiaro passa ad una tonalità leggermente più scura, poi ancora più scura fino a giungere, senza la minima fretta, ad uno stupendo blu intenso.

Inspiriamo profondamente cancellando il blu intenso a cui siamo giunti. Da questo punto ricominciamo, visualizzando questa volta un colore rosa molto chiaro che, nello stesso modo come per l'azzurro di prima, pian piano diviene rosso.

Ancora un respiro e visualizziamo per ultimo un bianco puro, luminoso e cristallino come neve appena caduta. Possiamo sentire vibrare questo bianco con tutte le intensità cromatiche attraverso il nostro corpo. Il bianco infatti è la somma di tutti i colori.

Facciamo un nuovo respiro profondo e riapriamo gli occhi rimanendo nella stessa posizione pronti per il secondo esercizio.

Per la seconda esperienza siamo sempre nella posizione indicata all'inizio. Chiudiamo gli occhi e ascoltiamo un violino da solo che suona una melodia, un brano a noi familiare, come potrebbe essere per esempio la primavera di Vivaldi.

La difficoltà qui, sta nel non "canticchiare mentalmente" la melodia con il "suono" di un violino, bensì proprio sentirlo come scaturire dalla cassa armonica di un vero violino o dagli altoparlanti del nostro impianto stereofonico.

Può capitare che immagini di disturbo o altri suoni si sovrappongano ad accompagnarlo, lasciamo andare questi intrusi senza dar loro importanza. Cercando di allontanarli infatti, otterremo il risultato opposto amplificandoli.

Non c'è nulla da vedere, è tutto in quel buio in cui ci troviamo. Ci identifichiamo almeno per due o tre minuti con questo suono, non lasciamo esistere niente altro.

Un nuovo respiro profondo, riapriamo gli occhi e ci stiriamo leggermente ad acquisire nuovamente contatto con il nostro corpo fisico, infatti, molto probabilmente quest'esperienza ci avrà un po' frastornati.

Per la terza esperienza è forse utile le prime volte osservare per un breve istante, prima di chiudere gli occhi, la lieve fiamma in movimento di una candela.

In questo modo l'alone di luce che questa lascia come traccia nelle nostre pupille, ci aiuta a visualizzare meglio la forma che ci seguirà nel percorso del prossimo "viaggio".

Questa fiammella in movimento diviene l'unica fonte di luce nel nostro stato ad occhi chiusi. Possiamo ancora vedere la fiammella danzare mentre la lasciamo scendere più profondamente in noi nella zona del cuore.

Non ci serve spostare gli occhi materiali per vederla prendere posto in quella zona energetica, la nostra vista interiore non è legata a questi organi.

Ora questa fiammella diviene sempre più grande fino a contenere quel quid di energia (noi) che la sta osservando; possiamo sentirla avvolgerci completamente; molto importante è la sensazione di "vederla" e sentirla anche dietro di noi; ci rendiamo così conto che quella dimensione oltre le nostre spalle, esiste anche se spesso non la consideriamo.

La nostra "vista" non è più solo a 180° davanti a noi come quella normalmente percepita con gli occhi, ma bensì assume una multidirezionalità che scaturisce in ogni direzione.

Manteniamo questo involucro attorno al nostro essere per almeno un minuto. Inspiriamo profondamente e apriamo gli occhi.

Con un po' di buona volontà ci potremo anche rendere conto che quella luce è ancora presente attorno a noi. Questa luce rispecchia la più bella energia del nostro corpo eterico: l'amore.

Ognuna di queste esperienze differisce dall'altra, ne esistono anche molte varianti che, con la pratica, ognuno riuscirà a mettere a punto per proprio conto. Per iniziare, comunque, è meglio seguire le indicazioni date poc'anzi.

Ricordiamo che stiamo movendo i primi passi verso il mondo del pensiero creativo. Un mondo ben diverso da quello che abbiamo imparato a conoscere finora.

Dobbiamo procedere un po' per volta, come abbiamo fatto da neonati per imparare come prendere il bicchiere d'acqua senza rovesciarlo, altrimenti i risultati non saranno quelli sperati.

Piccoli passi, solo piccoli passi effettuati con fiducia.

Anche il più lungo dei viaggi inizia con un piccolo passo.

Premessa per l'inizio di una nuova fase

A questo punto dobbiamo comprendere una cosa molto importante: il nostro corpo mentale è quello che influisce maggiormente sul nostro essere.

Praticamente è il corpo sottile più prossimo alla natura di questo mondo illusorio. È quello che ha la maggior parte di controllo sulle nostre vite e sugli eventi ad esse legati.

Imparando a gestire i nostri pensieri come abbiamo fatto nei passi precedenti, il nostro scopo è stato quello di apprendere come usare il corpo mentale per soddisfare i nostri appetiti, i nostri desideri e le nostre emozioni.

Naturalmente nessuno ama essere sottomesso, lo stesso vale per il nostro corpo mentale che non ci lascerà giocare così subdolamente con lui. Ecco che dunque farà di tutto per farci credere che ci stiamo movendo in una direzione errata. In alcuni casi cercherà pure di ostacolarci con apparenti stati di malattia o malessere fisico.

Queste conseguenze ce le dobbiamo purtroppo aspettare, siamo però già in grado di non lasciarci coinvolgere più del necessario. Guai se lo facessimo! Sarebbe come gettare la spugna e rinunciare al viaggio da poco iniziato.

Prettamente a scopi esplicativi, possiamo descrivere l'essere umano come distinto in tre parti: l'essere fisico, l'essere emozionale e l'essere mentale.

Apparentemente, queste tre parti rappresentano la stessa cosa, sono tutte "noi".

62

Normalmente pensiamo al corpo fisico come "Io", un visibile aggregato di cellule e molecole con il nome di "Tal dei Tali".

Si tratta di un corpo che respira, che si mantiene in vita assumendo cibo e acqua, che riposa quando è stanco.

Le funzioni basiche di questo corpo sono prevalentemente automatiche, stabilite da una forma di "intelligenza" superiore alle sue proprie abilità creative, dunque sempre le famose leggi che abbiamo visto all'inizio di questo testo.

Questo corpo fisico è uno strumento notevole, possiede l'abilità di ripararsi da solo e potrebbe funzionare ininterrottamente nel modo automatico come è stato creato.

L'umanità però, cioè l'insieme degli esseri umani, ha sviluppato situazioni, certi comportamenti e abitudini, che interferiscono con il buon funzionamento fisico di questo veicolo causando diversi danni e portandolo ad un certo tipo di deterioramento.

Al giorno d'oggi è facile esercitare l'autocontrollo per tenere a bada alcuni dei nostri "istinti" che potrebbero essere inappropriati. La nostra natura emotiva rimane comunque predominante.

Sovrastando i nostri propositi, così come le nostre miglior intenzioni, questa emotività continua a prendere il controllo sull'intero essere.

Ciò che più probabilmente è alla base di queste spinte emotive, rimane il subconscio che stimola emozioni come la paura.

Se il subconscio tramite la paura ci protegge dai pericoli, in altri casi purtroppo blocca alcune nostre azioni utili, come per esempio il nostro agire da essere divino attivo prevalentemente a livelli esterni dal mondo illusorio.

Non avendo diretto contatto con la realtà spirituale, troppo sottile per essere percepita, il subconscio la intravede come un pericolo.

Affrontando un pericolo "reale" il subconscio stimola la paura che, a sua volta, mette in circolo l'adrenalina nel nostro corpo fisico.

L'adrenalina è una sostanza che moltiplica rapidamente la nostra forza fisica e la capacità di reazione, qualità che ci servono per la difesa (o anche per la fuga).

La paura che proviamo per i pericoli inesistenti, come le semplici convinzioni "registrate" nel corpo mentale, stimola la stessa reazione chimica, lasciando latente dell'adrenalina inutilizzata che risulta però nociva, se non velenosa, al nostro organismo. Questa può persino causare problemi fisici anche gravi.

Imparando a gestire il nostro modo di pensare abbiamo quindi come primo compito quello di ripulire il nostro corpo mentale ed il nostro subconscio da alcune "registrazioni" erronee.

Attenzione!

Stiamo parlando di acquisire una collaborazione più ragionata a livelli sottili, non al rifiuto categorico del funzionamento di queste forze indiscutibilmente importanti, che ci servono per evitare di compiere gesti insensati, come ad esempio buttarci dal secondo piano di un palazzo con la convinzione di non farci male.

Espressa in questo modo potrebbe apparire una cosa molto difficile da fare, ma con la giusta determinazione, la forza di volontà e con del duro lavoro, ci si può arrivare.

Gli esercizi consigliati nei passi precedenti sono proprio la via principale per giungere a questa collaborazione ragionata.

Questi passi ci portano poco a poco ad allontanarci dal controllo emotivo sulle nostre azioni, portandoci ad avere il pieno controllo della nostra vita e della nostra energia creativa.

Non dobbiamo quindi reprimere i nostri istinti. Facendo questo, prima o poi esploderanno con conseguenze disastrose; dobbiamo invece incanalarli, guidarli in modo che riescano ad essere soddisfatti in modi più consoni al nostro reale bisogno.

È una situazione che si può banalmente spiegare con l'esempio del desiderio di una fetta di torta di panna e cioccolato.

Sappiamo benissimo quanto questi due elementi possano essere dannosi al nostro organismo, non solo a livello dietetico per intenderci, e quindi ovvieremo al "pericolo" facendo in modo di soddisfare questo desiderio concedendoci comunque qualcosa di dolce, per esempio una macedonia di frutta.

Opponendoci a questo desiderio infatti, non lo facciamo sparire ma lo stuzzichiamo ulteriormente fino al punto di arrivare ad ingozzarci di questi elementi appena li abbiamo a portata di mano.

Ogni emozione ha due nature distinte contrapposte. Sta a noi riuscire a capire quale delle due sia di maggior levatura nel nostro piccolo cosmo. Quale tra le due sia quella che comporta "creatività" piuttosto che "distruzione"; quale ci è utile e quale invece no.

L'amore per esempio è contrapposto alla paura. È infatti errato ritenere l'odio come sentimento in opposizione all'amore, in quanto si tratta esclusivamente di un'emozione molto più simile alla rabbia.

Decidiamo quindi di scegliere l'amore, che comunque ha varie sfaccettature come l'amore per se stessi, l'amore per una persona in particolare o l'amore universale per qualsiasi essere vivente.

Sarà comunque l'amore l'emozione che ascolteremo più volentieri piuttosto che non la paura.

Questo ascolto o questa scelta sarà consapevole, e se ci troviamo a dover provare un'emozione che non ci piace, quindi di basso livello e che non ci è utile, faremo in modo di incanalarla verso il suo lato opposto più elevato.

È controproducente ribellarsi alle emozioni di basso livello, facendo ciò incanaliamo tutta la nostra energia verso questa emozione ottenendo esattamente l'opposto di quanto vogliamo veramente.

Come già spiegato precedentemente lo stesso vale per i pensieri.

Quando per esempio manifestiamo il nostro sdegno contro chi maltratta gli animali, manderemo la nostra energia ai pensieri di maltrattamento agli animali; ottenendo proprio l'effetto contrario a quello che in fondo vorremo ottenere.

D'accordo, non possiamo chiudere gli occhi su certe situazioni, ma possiamo impiegare la nostra energia in modo molto più costruttivo. Cercando per esempio il modo per far si che gli animali siano più protetti.

Ora che finalmente siamo riusciti a capire in quale direzione dobbiamo muovere la nostra energia creativa mi auguro che molti di quegli stimoli a voler manifestare, anche forse egoisticamente, i nostri desideri più "bassi", si siano leggermente placati a lasciar spazio a mete molto più costruttive, per esempio per il benessere comune.

I miracoli

Eccoci finalmente al capitolo che stiamo tutti aspettando con impazienza.

Come primo miracolo per esempio, potremmo far si che la nostra modesta abitazione diventi una villa da oltre ottocento metri quadrati, con pregiati oggetti di arte e antiquariato a decorarne corridoi e locali.

Assumiamo dapprima una posizione comoda, come abbiamo fatto nel terzo passo relativo alla meditazione. Inspiriamo profondamente e procediamo al riequilibrio energetico, trattenendo il respiro dopo l'espirazione, se siamo sovraccarichi, o dopo l'inspirazione se siamo leggermente fiacchi.

Chiudiamo gli occhi e concentriamoci ora sul pensiero seme: "Visto che secondo mio espresso desiderio, io mi trovo sempre al posto giusto nel momento giusto, per quale motivo voglio qualcosa di così diverso da ciò che ho voluto e mi sono concesso sinora?".

Tranquilli, si è trattato solamente di un piccolo scherzo! Infatti prima di prodigarci a compiere miracoli, è forse opportuno realizzare che nessuno, meglio della nostra energia base, sa veramente quali siano le energie da muovere attorno a noi per il nostro benessere.

Tutto il resto è solo frutto della nostra mente illusoria.

Spesso veniamo abbagliati dalla possibilità di ottenere facilmente tutto ciò che vogliamo, che dimentichiamo di farne un attento esame.

Nella maggior parte dei casi, questo esame può mostrarci un desiderio sotto un aspetto ben diverso da quanto abbiamo creduto.

Meglio quindi pensare molto bene già dall'inizio, a tutte le eventuali implicazioni che questo nostro "pensiero creativo" può portare con se; non vogliamo certo trasformarci in vittime di ciò che ritenevamo potesse migliorare il nostro stile di vita.

Racconti e favole suggeriscono come spesso la realizzazione di certi desideri, si riveli ben diversa dalle aspettative o implichi addirittura conseguenze che non avremmo mai voluto attirare verso di noi.

Pensiamo per esempio al personaggio di Re Mida, il cui desiderio di poter trasformare in oro tutto ciò che toccasse, lo confrontò a cose terribili come trasformare la sua stessa figlia in una statua d'oro e non poter più assumere cibo, mutando persino questo in oro al suo contatto.

Gli esempi in merito sono tantissimi. Anche nella Bibbia si racconta che Gesù, dopo aver compiuto molti miracoli, si ritrovò ad esprimere a voce il suo desiderio: "Allontana da me questo calice". Subito dopo però Egli accetta il suo destino riponendolo nelle mani del "Padre", tornando a riconoscere dunque l'autorità assoluta di "Dio" ed il proprio cammino intrapreso.

Dobbiamo quindi esprimere con molta precisione e cautela il nostro pensiero creativo; dare un senso alla nostra posizione all'interno di quel desiderio, avere la possibilità di portarlo avanti.

Prendiamo il caso che abbiamo veramente mosso la nostra energia creativa per il pensiero della villa da oltre ottocento metri quadri.

Potremmo ottenerla ma essere così occupati con il lavoro da non essere mai a casa, non avendo quindi modo di goderla.

O ancora potremmo non essere in grado di occuparcene, la vediamo cadere a pezzi, ci troviamo a doverla svuotare dei suoi preziosi decori per riuscire a pagare i debiti.

Oppure potremmo trovarci a vivere in questa villa forse solo in qualità di addetti alle pulizie; un'altra possibile eventualità potrebbe essere che questa villa si trovi su di un pianeta dove noi siamo gli unici sopravvissuti... il tutto assumerebbe quindi uno stato di deleteria inutilità.

In tutti questi casi il nostro desiderio è stato realizzato. Ci eravamo solo dimenticati di creare il nostro rapporto in merito ad esso ed una correlazione più consona tra noi ed il nostro desiderio.

Un altro caso potrebbe essere quello di desiderare una grossa cifra in denaro contante.

Non esprimendo tale desiderio in un modo logico e ragionato, potremmo entrare in possesso di tale somma in seguito a qualcosa di triste, per esempio sotto forma di eredità in seguito alla scomparsa di un nostro caro parente, oppure come risarcimento per un grave incidente che ci ha condannati a rimanere legati ad un letto d'ospedale per tutta la vita.

Non è che voglio fare l'uccello del malaugurio o che voglia spegnere quella luce di ambizione che ci fa muovere per ottenere qualcosa, lungi da me quest'idea. Il mio intento è esclusivamente quello di far capire che dobbiamo riporre molta attenzione in ciò che desideriamo.

La storia della lampada di Aladino - che originariamente racconta del Genio disposto ad esaudire qualsiasi desiderio, e non solo tre come riportato nella versione moderna - ci mostrava come tutti i desideri esauditi, si ritorcessero in seguito contro chi li aveva espressi.

Per questo motivo il Genio veniva di nuovo attratto con l'inganno all'interno della lampada, lampada che veniva in seguito rimessa al sicuro in un luogo non facilmente raggiungibile.

Paradossalmente si racconta che il solo modo per salvarsi da quell'arma a doppio taglio, era proprio il fatto di chiedere al Genio la conoscenza e la sapienza per il suo uso.

La morale che si voleva insegnare con questo racconto, è che "L'uomo può fare solo ciò che ha imparato a fare", e che quindi il "voler essere qualcosa di diverso da ciò che siamo" è nella maggior parte dei casi controproducente, se non impariamo prima a come diventarlo.

Una vecchia e nel contempo molto chiara barzelletta, racconta di un gruppo di schiavi di colore intenti nel loro lavoro in una miniera di diamanti in Sudafrica.

Improvvisamente uno di loro si imbatte nella famosa lampada. La strofina per pulirla ed ecco apparire il Genio che si mostra disposto ad esaudire un desiderio ad ognuno degli schiavi presenti.

Il primo, dopo aver pensato e riflettuto, si rende conto che se fosse bianco, potrebbe essere al posto del ricco commerciante proprietario della miniera. Così esprime con orgoglio il desiderio di diventare un uomo bianco. Il secondo intravede anche lui la logica del primo, e a sua volta chiede ed ottiene di essere un uomo bianco.

Anche gli altri, ad uno ad uno, chiedono lo stesso, sempre più felici per le possibilità che da quel momento potranno avere.

Giunge l'ultimo degli schiavi.

Questi prende in mano la lampada, la stringe al petto guardando i suoi compagni che non sono più gli stessi ed esprime il suo desiderio:

"Voglio che tutti ritornino ad essere neri".

Qui si potrebbe comunque divertirsi a modificarne il finale, per esempio lasciare che anche l'ultimo diventi bianco, per poi rendersi conto che non c'è più nessuno che lavori in miniera, che quindi il vantaggio di una florida impresa venga a cadere.

Gli scherzi e le sottigliezze di questo nostro Genio sono infinite.

L'esistenza di "Geni" è raccontata anche nella Bibbia. Sembra infatti che anche re Salomone ne avesse al suo servizio. Si racconta di come fosse in grado di servirsene per scopi di utilità pubblica e non prettamente personali. Egli se ne serviva per governare in modo giusto e saggio il suo popolo.

L'uso di questo potere non implica solo una grande responsabilità – come comunque viene accennato anche nel film Spiderman - implica anche la capacità di gestire ciò che abbiamo creato. Implica l'essere disposti ad accettarne tutte le sfaccettature, soprattutto quelle legate alle "famose" leggi che abbiamo trattato all'inizio di questo libro, leggi che, torno a dire, noi stessi abbiamo creato prettamente connesse a questo cosmo.

Vi ho condotti fino a questo punto con il sentore di una promessa di aiutarvi a realizzare i vostri desideri.

Probabilmente voi vi sentite ora "ingannati", non trovando la "formula magica" che fa apparire all'istante davanti ai vostri occhi l'auto dei sogni o un baule pieno di soldi, di oro e gioielli.

Eppure io non vi ho ingannati.

Vi sono molti modi per ingannare l'essere umano. Basti pensare alla storia della fortunata casalinga che alcuni anni fa, in seguito ad un caso fortuito ha notato come due banali prodotti, apparentemente reperibili in qualsiasi casa, congiuntamente abbiano avuto un effetto miracoloso a far sparire le macchie tenaci dagli abiti del marito meccanico.

Ebbene si raccontava che questa signora abbia "venduto" per una cifra da capogiro, questo suo segreto ad una famosa casa produttrice di detersivi. Alcuni mesi dopo questa ditta ha messo in commercio "lo smacchiatore per eccellenza" - di cui me ne guardo bene da farne il nome per non mandare ulteriore energia verso questo prodotto - da usare regolarmente non da solo, ma addirittura come complemento al normale detersivo in lavatrice o a mano.

I risultati ottenuti con questo prodotto sono esattamente gli stessi, se non peggiori, di qualsiasi altro prodotto contro le macchie.

Grazie alla storia della casalinga, la ditta produttrice ha ormai occupato una gran fetta del mercato. Dietro pagamento ai commercianti, e non perché molto richiesto, questo prodotto occupa metri interi di scaffali nei supermercati.

La stessa ditta martella il consumatore con offerte speciali nelle quali comprando una confezione, puoi averne gratuitamente il 50% in più, ma facendo però bene attenzione a non offrirne dei campioni da testare gratuitamente; logicamente il consumatore noterebbe la banalità del prodotto, senza peraltro contribuire ad aumentarne la cifra d'affari.

Questo è un inganno!

Sono tantissimi gli inganni perpetrati da terzi nei nostri confronti, ma il peggior inganno è proprio quello che noi facciamo a noi stessi, come il credere che ci troviamo nella situazione attuale perché qualche straordinaria forza esterna, il destino o la iella, ci impediscono di essere fortunati, di vivere una vita piena di successo e soddisfazioni.

Esatto, avete capito bene.

Se non riusciamo a "materializzare" un nostro pensiero, è semplicemente perché altri nostri pensieri sono contrari al fatto che questo si avveri.

Cerco di spiegarmi meglio usando, ancora una volta, la nostra bella casa da ottocento metri quadri.

Io esprimo il mio pensiero creativo. Lo esprimo in direzione della casa con tutte le necessarie situazioni che l'accompagnano, cioè un lavoro che mi permetta di mantenerla, il tempo necessario per usarla e godermela, una famiglia felice che la abita con me eccetera.

Perché questa continua a rimanere nei miei pensieri? Perché non si manifesta come io voglio?

Per prima cosa cercherò quindi di sapere se veramente sto facendo di tutto per averla.

Non posso semplicemente volerla senza essere disposto a mettere tutto il mio impegno in questa "creazione".

Sto davvero impegnandomi affinché il mio lavoro mi permetta di guadagnare una cifra simile senza peraltro ostacolare altre persone?

La sto cercando nel mondo reale? Sto valutando e creando un solido rapporto con la persona con cui voglio andarci ad abitare?

Il nostro modo di guardare alle cose, in modo fisico intendo, è quello di dar loro una particolare presenza nello spazio tempo, caricandole cioè di energie molto estese. Per fare ciò abbiamo quindi bisogno di una specie di microscopio, e di un buon metodo per rallentare, ai nostri occhi, la rapidità con cui il "respiro divino" interagisce.

Qui il discorso del passato e del futuro nel rispetto del "presente" meriterebbe un intero capitolo separato, accettiamo quindi per un attimo con pura fede, che esiste solo il qui e l'ora, per poter comprendere quanto segue.

Diamo in questo momento il via alle nostre "azioni" per giungere all'ambita casa.

Ci sarà già successo molte volte di osservare qualcosa che abbiamo fatto, o di un tot di tempo trascorso in compagnia, e notare come questo lasso di tempo abbia avuto delle connotazioni ben diverse che in altre situazioni.

Una cosa svolta con gioia e piacere sembrerà volata in un attimo, anche se in realtà ha richiesto ore se non giorni, mentre un'altra situazione di pochissimi minuti ci è apparsa come una eternità.

La sensazione di diversa durata dello stesso periodo di tempo in due situazioni diverse, è strettamente dipendente da noi stessi, dal modo in cui le valutiamo e le giudichiamo.

Anche uno sforzo fisico assume connotazioni diverse in base al bisogno. In alcune situazioni siamo in grado di affrontare grandi fatiche senza particolari sforzi, in altre invece la minima sciocchezza ci appare estenuante all'inverosimile.

Ricordiamo bene che siamo venuti in questa nostra incarnazione proprio per sfuggire all'inerzia del nulla. Se quindi ci concediamo di sdraiarci su di un divano a schioccare semplicemente le dita per ottenere tutto ciò che ci serve, andiamo senz'altro incontro all'annientamento del nostro veicolo – fisico, mentale, eterico, atomico eccetera – e torniamo ad essere un nulla senza alcun valore; la nostra vita stessa perde il suo senso primordiale.

Mi piace qui ricordare la storia di quel bambino a cui fu dato un gomitolo che rappresentava la sua vita.

Tirando il capo di questo gomitolo egli poteva fare in modo che un particolare periodo trascorresse più velocemente.

Ecco che si trovò a non voler più frequentare la scuola elementare, voleva giungere più in fretta all'università; tirò il capo del suo gomitolo e improvvisamente si trovò all'università.

Dopo alcune lezioni si stancò anche di questa. Tirò nuovamente il capo del gomitolo per giungere a svolgere il lavoro da avvocato come aveva sempre desiderato. Anche in questo caso si trovò ad essere un avvocato di fama.

A questo punto pensò che voleva avere una moglie, una famiglia, ma non voleva perdere tempo con il fidanzamento, il matrimonio, le gravidanze della moglie eccetera.

Ancora una volta tirò il capo del suo gomitolo ed eccolo con una bellissima famiglia che gli dava sicurezza e amore.

Poco tempo dopo cominciò a pensare a quanto fosse bello non dover più esercitare, essere in pensione ed occuparsi dei nipotini.

In questo caso il gomitolo lo portò ad essere un anziano vedovo, sdraiato sul letto di un ospizio con figli e nipotini al suo capezzale.

Solo allora si rese conto di non aver vissuto, di voler tanto poter tornare ai banchi di quella scuola elementare che non aveva amato. Ma il gomitolo non esisteva più ed il filo non poteva più venir riavvolto.

È questo che vogliamo anche noi?

Non credo proprio che lo sia, quindi rimbocchiamoci le maniche ed usciamo dal nostro comodo guscio. Diamoci da fare a realizzare il nostro sogno utilizzando il tempo necessario e in base al nostro stato d'animo. Credetemi, è tutto un dire se pensiamo che siamo eterni.

Ammettiamo però che ho svolto tutto il lavoro fisico necessario. Ancora non succede nulla?

Accidenti!?!

Vediamo allora quale potrebbe essere un'altra delle cause più frequenti alla "non" riuscita del mio "miracolo".

Immaginiamo di conoscere, personalmente o meno, una persona piena di soldi, magari una persona famosa come potrebbe essere Bill Gates, il patrono della Microsoft, o chiunque altro ci passi per la testa.

Cosa proviamo verso questa persona? Pensiamo molto profondamente a quale è la nostra vera idea su Bill Gates, la nostra considerazione.

Esatto! Non siamo solo gelosi - sentimento peraltro positivo, che ci aiuta ad avanzare e ad avere delle ambizioni – siamo purtroppo "arrabbiati" con questa persona perché "lei sì e noi no"; oppure perché riteniamo che "guadagna soldi facili alle nostre spalle", "approfitta di noi spudoratamente" e quindi è una persona "spregevole".

In poche parole, chiunque sia questa persona, rappresenta ciò che "Io non voglio essere", e purtroppo continuerò anche ingiustamente a bombardarla di pensieri negativi (poverino lui).

Nel frattempo quindi io posso così continuare a sprecare inutilmente energie per ottenere la ricchezza. Tant'è vero che non mi permetterò mai di essere la rappresentazione di ciò che in fondo non voglio essere.

Questi due pensieri creativi contrastanti stanno agendo uno contro l'altro, generando solo una gran confusione nel "pozzo dei desideri" dal quale credevo scaturissero le mie, credute tali, aspettative.

Trattandosi di questo tipo di situazione farò quindi in modo di lavorare su me stesso a convincere il mio corpo mentale che se io sono "Dio", anche quella persona lo è, quindi quella persona ed io siamo la stessa cosa.

Per quale motivo dovrei dunque essere arrabbiato con me stesso o ritenere di non essere alla sua altezza? Oppure peggio, per quale motivo devo mandare a me stesso invidia, energia negativa e distruttiva?

Questo dovrebbe anche farci capire che i diversi modi di agire delle persone sono esattamente i modi di agire che utilizzeremo noi trovandoci al loro posto. A tutti gli effetti è esattamente anche ciò che stiamo facendo.

Che si tratti di azioni che riteniamo "buone" o "cattive", sono comunque delle azioni che noi stiamo commettendo sotto un altro aspetto.

Se abbiamo già sentito parlare della legge del Karma, potrebbe anche essere più facile riflettere sul fatto che siamo sempre noi, come essere divino, a vivere ogni e qualsiasi singola esperienza di vita.

Ma... il Karma parla di vite passate e vite future.

Ma è semplice: non esistono vite passate o future, esistono solo vite.

Tutto si trova qui e ora. È il nostro corpo mentale che distingue lo spazio tempo laddove non esiste, per questo tutti noi, in una "vita passata", siamo stati non solo la regina egizia Nefertiti, ma persino Hitler o Caino. L'importante quindi è chi vogliamo essere ora!

Una grande verità cita che noi siamo tre cose ben distinte: ciò che gli altri credono che noi siamo, ciò che noi crediamo di essere e ciò che veramente siamo.

Ebbene, ciò che noi veramente siamo è semplicemente la somma di tutte le nostre esistenze, quelle "passate", quelle presenti e anche quelle "future".

Tutto dipende dall'uso che facciamo della moviola per rallentare ed osservare cosa contiene il nostro "corpo cosmico", tutto dipende dal punto in cui noi ci poniamo, per osservare tutto ciò.

Per concludere: che ne è dunque della nostra casa?

Semplice. Ce l'abbiamo già, ma la stiamo usando sotto un altro aspetto. Dobbiamo essere felici per questo, infatti solo essendo felici per quella "persona", ne godiamo anche noi in un modo inaspettato.

Ma allora tutto il lavoro per indirizzare le nostre energie ad ottenere ciò che più desideriamo?

Questo lavoro non è sprecato, ci serve soprattutto per creare un mondo migliore dove tutte le nostre manifestazioni abbiano il diritto di essere felici, dove possono condurre una vita degna di essere vissuta.

Come abbiamo visto la nostra energia creativa agisce anche a nostra insaputa, è quindi importante imparare a gestirla affinché i risultati siano soddisfacenti per tutti.

Anziché pretendere di ottenere delle cose che ancora non ci siamo concesse, esprimeremo quindi solo la nostra preferenza ad avere una cosa piuttosto che un'altra.

Se l'insieme delle vibrazioni dei corpi universali sono in sintonia con la nostra preferenza, potremmo ottenere molte cose "eccellenti" senza neppure rendercene conto, ma soprattutto senza desiderarle.

Per chiedere che un nostro "desiderio" venga appagato useremo principalmente un assoluto rispetto per quelle forze che ne vengono implicate senza arrogarci la pretesa che si avveri a tutti i costi.

Non ci comporteremo da esseri superiori per ottenerle, dando ordini perentori ad energie che vibrano a livelli molto più elevati dei nostri, ma manifesteremo la nostra richiesta con umiltà, con accettazione del risultato, qualsiasi esso sia.

È per questo motivo che piuttosto che insegnarci a dare "ordini" al Genio, o all'universo che dir si voglia, le religioni hanno fatto in modo di proteggerci da eventuali risultati disastrosi. Esse infatti ci consigliano saggiamente, di esprimere i nostri desideri sotto forma di preghiere.

Non ottenere "risposta" alle nostre preghiere sarà quindi una questione a noi superiore. Implicitamente veniamo spinti a compiere azioni che porteranno a farci "meritare" ciò che abbiamo richiesto, o a chiedere perdono per ciò che abbiamo fatto o abbiamo pensato.

Praticamente il tutto è esattamente come è stato detto precedentemente, usando termini ben diversi.

Chi ha dunque ragione? Le religioni? La scienza? Ebbene tutti abbiamo ragione e tutti abbiamo torto, dipende esclusivamente da cosa noi decidiamo in merito.

La preghiera

Che siamo credenti o meno, probabilmente chiunque ha una certa dimestichezza con il termine di "preghiera".

Qualsiasi religione implica l'uso di tale pratica. Principalmente ci viene insegnato che le preghiere si rivolgono direttamente al creatore, Dio, l'energia base – ricordate il comandamento "Non avrai altro Dio all'infuori di me"? – molti però preferiscono rivolgersi a personaggi "minori" - come la Madonna, Gesù, i santi, eccetera - ritenendo che questi siano in grado di comprendere meglio la nostra situazione di "essere umano" in quanto anche loro lo sono stati.

Spesso, già esprimendo a voce le nostre preghiere ci rendiamo conto di parlare con noi stessi.

Più la nostra preghiera sarà sulla stessa lunghezza d'onda di "Dio", più sentiremo "Dio" in noi che ci fa sentire già in pace con noi stessi e con ciò che abbiamo... e tutto il resto perde di importanza.

Se teniamo presente quanto analizzato prima, ci rendiamo quindi conto di questa verità, e tale pratica assume quasi esclusivamente una funzione rivolta più al mondo "sottile" che non a quello "materiale".

Ecco che comunque la "preghiera" va distinta in varie categorie.

Abbiamo per esempio la preghiera come forma di benedizione. Questa benedizione può essere diretta ad un oggetto, al cibo che stiamo preparando - o che andremo ad assumere - ad un campo affinché ci sia un buon raccolto, così come all'unione felice di due sposi eccetera.

La forma pensiero che andiamo a creare con la nostra "benedizione", impernia e protegge il soggetto di tale richiesta. In questo modo lo carichiamo di energie "positive" con l'intenzione e lo scopo che queste possano in seguito amplificarsi.

Qualsiasi cosa venga caricata da questa energia positiva, rilascia delle onde molte particolari che continuano ad agire attorno ad essa.

In questo modo vengono espressamente preparati talismani e portafortuna, ma in qualsiasi caso ogni cosa venga prodotta, o compiuta con un determinato grado di amore, si impregna di energie benefiche.

Un altro tipo di preghiera è quella espressa per richiedere sostegno. Questa potrebbe essere recitata ad esempio prima di affrontare una qualsivoglia situazione che ci si prospetta particolarmente difficile.

Ammettiamo di provare timore nel dover andare incontro ad un intervento chirurgico.

Esprimendo la nostra richiesta di aiuto, saremo disposti ad inoltrarci verso tale situazione con maggior tranquillità, in quanto fiduciosi sull'esito positivo che giungerà grazie all'aiuto di quelle energie a cui ci siamo rivolti.

In questo caso, non abbiamo fatto altro che creare un'armonia tra le vibrazioni "negative", quelle cioè che ci incutono timore o paura, e le vibrazioni dei nostri corpi più sottili che le possono così tenere a bada.

Altre forme di preghiera sono le richieste di aiuto per persone bisognose. Vuoi per motivi di salute o di difficoltà a superare determinati periodi della vita, spesso alcune persone, facenti parte della nostra cerchia di conoscenze o meno, necessitano di un sostegno che personalmente non ci è possibile dare.

A questo scopo sono nati un po' ovunque dei gruppi che si sono specializzati nella preghiera comune per il prossimo.

Questi gruppi si ritrovano regolarmente e recitano preghiere mirate, in aiuto sia di persone specifiche ma anche in generale per l'umanità.

Solitamente queste preghiere non sono propriamente formulate in modo preciso, in modo cioè da ottenere uno specifico risultato, come per esempio la guarigione. Queste vengono invece recitate in modo che i "destinatari" siano impermeati dall'energia più sottile; troveranno quindi forza e sollievo come con la preghiera di sostegno personale, oppure verranno "illuminati" a trovare da soli una soluzione al loro problema.

In questo modo sarà più facile per i bisognosi riconoscere la "volontà" dell'energia base nella loro situazione, quindi affrontarla in modo più consapevole e sereno.

Voglio qui ricordare che l'energia base sa sempre esattamente cosa stia facendo.

Anche se certe situazioni potrebbero apparirci spiacevoli sono comunque la "nostra volontà"; non sta a noi giudicare, neppure imporre un altro genere di "volontà" che, come abbiamo già visto, potrebbe persino essere controproducente.

È, quindi più normale invocare la "volontà del padre", che sa esattamente come agire, piuttosto che pretendere che le cose vadano come pensiamo debbano andare.

Abbiamo poi le preghiere di ringraziamento; quelle che recitiamo dopo aver superato un periodo di tribolazione oppure alla fine della bella giornata che abbiamo trascorso.

Possono trattarsi anche di semplici ringraziamenti per il cibo che ci ritroviamo sulla tavola, per aver ritrovato un oggetto ritenuto smarrito o per aver ottenuto inaspettatamente qualcosa a cui tenevamo in modo particolare.

La semplice espressione "Grazie al cielo!" non è nient'altro che una forma di preghiera che ci rende grati per aver portato a termine una situazione spiacevole.

Anche il semplice ringraziare qualcuno può venir considerato una preghiera di ringraziamento. Ogni qualvolta diciamo quindi un sentito "grazie", è come se in realtà stessimo formulando una preghiera, indipendentemente dal credo religioso.

Questa forma di preghiera dimostra ed esprime, sempre alle energie sottili, la nostra riconoscenza e felicità per un'esperienza che ci ha aiutato a crescere, o anche solo a star bene con noi stessi e con gli altri.

Quando siamo grati per qualcosa possiamo benissimo percepire un piacevole "formicolio" causato delle energie emotive cui diamo il via, che a partire dal nostro plesso solare arriva ad espandersi a dismisura coinvolgendo anche chi ci circonda.

Questo genere di energia emotiva è consapevole e diretta verso l'esterno, quindi non si tratta di "emozioni" dalle quali staccarci, come abbiamo visto precedentemente, bensì da stimolare il più possibile.

In questo modo vengono anche create le prerogative per accelerare il processo di "star bene" quando ne abbiamo bisogno.

Ci circondiamo di fatto, di vibrazioni piacevoli che instaurano una specie di collegamento diretto, quindi facilmente raggiungibile, con la pace e la beatitudine.

Più sovente saremo pervasi da questo tipo di vibrazioni piacevoli, più facile sarà per noi "entrare" consapevolmente in queste, decidendo quando e per quanto tempo, essere in pace con noi stessi.

Vi sono infine preghiere recitate come richiesta di "perdono" o anche per chiedere scusa. Questo tipo di preghiere vengono espresse come rammarico per aver commesso un errore, un atto di cui non siamo particolarmente fieri di cui, in un certo senso, ci pentiamo.

Durante il nostro cammino in questo mondo, siamo sempre confrontati con azioni e decisioni, per ciò è molto probabile che si vengano a commettere anche degli "errori", siano essi lievi o di grave entità.

Questi errori possono essere dannosi solo per noi stessi oppure anche per terze persone.

Quando siamo in grado di accettare questo fatto, ci rendiamo cioè obiettivamente conto della nostra responsabilità in merito, la nostra reazione è di rammarico e, probabilmente, vorremmo pure esprimerlo.

Questa espressione è la nostra affermazione del dispiacere in merito, che ci aiuta a non lasciarci influenzare eccessivamente dal senso di colpa, riconoscendo il fatto ma mantenendone un certo distacco.

Questo tipo di preghiera rafforza nel contempo la memorizzazione della situazione nel nostro subconscio, in modo da non dover tornare a commettere un'altra volta lo stesso errore. Dichiariamo quindi la nostra fermezza, volontaria e consapevole, a non volerlo più commettere.

Questi tipi di preghiere che ho elencato qui sopra sono molto particolari. Si tratta infatti di mettere in moto delle energie che in alcuni casi agiscono nel nostro essere, in altri invece vengono emesse attorno a noi, o attorno agli altri, per scopi prettamente benefici.

Ritornando per un attimo alla pratica di Ho-o-ponopono a cui mi ero già riferito precedentemente, possiamo notare come le quattro asserzioni del relativo "mantra" – *mi dispiace, perdonami, ti amo, grazie* - fungano da vero distillato di questi tipi di preghiera.

Lo stato di pace e di beatitudine che si arriva ad ottenere mediante queste pratiche o con il mantra dell'Ho-o-ponopono, è il terreno più adatto per far crescere in modo spontaneo e del tutto naturale il nostro mondo materiale ideale.

A questo punto dunque, non avremo più la necessità di arrovellarci per desiderare qualcosa con la speranza che questo "qualcosa" non ci si ritorca contro, infatti potremo avere tutto ciò che ci serve senza doverne fare espressamente richiesta, e tutto inizia a funzionare con un automatismo perfetto, direi quasi "Divino".

Precisazioni

Il bene ed il male / positivo e negativo

L'energia base è comunque un'energia positiva, l'energia "negativa" (si fa per dire) non è il suo opposto, ma bensì una specie di complemento, un riflesso della prima. Quest'ultima potrà plasmare o diminuire quella positiva, ma mai in nessun caso annientarla.

Per questo qualsiasi testo "sacro" parla di grandi lotte tra il bene ed il male, ma che comunque il bene vince sempre.

Infatti l'unica vittoria del "male" potrebbe essere il ritorno al nulla. Ma il male non ha interesse alcuno ad annientare se stesso, così come paradossalmente anche il bene non avrebbe valore se non esistesse il male.

Rapportando queste due energie nel mondo materiale, possiamo anche dire che non esiste una cosa buona o una cosa cattiva, esistono solo "cose".

"Buono" o "cattivo" è solo il nostro modo di etichettare una "energia" in base alla nostra frequenza di vibrazione di un preciso momento; vibrazione che può mutare, e quindi in grado di farci valutare la stessa cosa in modi diversi.

Passato, presente e futuro

A questo punto potrei anche aggiungere che il tempo, così come lo conosciamo noi al giorno d'oggi, è ben diverso dal tempo come esisteva "milioni e milioni di anni fa".

Un giorno solare era senz'altro molto più breve di quanto non lo sia ora.

Anche se le distanze tra i pianeti nello spazio cosmico, proporzionalmente sono rimaste le stesse, sono però mutate le relative energie gravitazionali, con delle influenze molto ben diverse.

Il "qui e ora", nell'assenza di tempo, è un dogma molto usato e spiega chiaramente che le cognizioni di "spazio", "passato" e "futuro", sono troppo spesso di intralcio nel nostro evolvere.

Voglio qui suggerire una bellissima citazione, di cui purtroppo non conosco l'autore, ma che rende l'idea di quanto il passato possa essere di intralcio: "Chi soffre per un dolore del passato, soffre per l'eternità".

Vivendo appieno il nostro "presente", ci è possibile decidere come vogliamo vivere e cosa vogliamo fare.

Vi lascio dunque immaginare quale meraviglioso mondo potremmo creare, sapendo di non essere separati dall'energia creativa dell'universo. Basta incominciare qui e ora!

Lo spazio

La relatività dell'universo in espansione (effetto elastico), è stata studiata e spiegata dal fisico Einstein; non mi permetto quindi di entrare ulteriormente nei dettagli, basta fare qualche ricerca e si potranno avere tutte le nozioni necessarie per comprenderla.

Una volta compresa questa legge, il che non è più difficile di quanto si possa credere, si potrà comprendere come sia possibile condensare l'universo intero e rinchiuderlo relativamente in uno spazio minimo.

Già con la strumentazione moderna a nostra disposizione ci è possibile prendere visione di particelle infinitamente piccole, così come di immense galassie.

La "distanza" che intercorre tra di noi e questi "infinitamente piccolo" o "infinitamente grande" potrebbe non sembrarci la stessa, ma questa "illusione" è creata esclusivamente dai mezzi che il nostro corpo fisico necessita per osservarle.

Quando siamo in grado di spostare il nostro "centro focale" di visualizzazione, quindi non usando i nostri occhi fisici, ci rendiamo conto che possiamo essere catapultati in qualsiasi punto dell'universo ed assumere la grandezza che più ci aggrada.

"Così in alto, così in basso" assume ora una connotazione molto ben diversa da quella che abbiamo anche solo immaginato.

È qui che un libro può qualche volta aiutarti. Se trovi qualche paragrafo o qualche frase che ti interessa, smetti di leggere e meditala, assorbila, contemplala e riposa nella considerazione generale, serena, facile del pensiero, non nei suoi particolari ma nel suo insieme, come qualcosa che tu prenda ed assapori nel suo complesso.

Thomas Merton

Indice